Ernest Michel

Le Tour du monde en 240 jours

Le Japon

Préface

Il n'y a pas bien longtemps, pour s'instruire, on faisait le tour de France ; aujourd'hui, c'est le tour du monde qu'il faut faire pour être de son époque. Généralement, on s'imagine qu'un tel voyage demande un courage héroïque, beaucoup de temps et surtout beaucoup d'argent ; c'est une erreur. Il fallait plus de fatigue, de temps et d'argent pour faire le tour de la France, il y a 50 ans, qu'il n'en faut aujourd'hui pour faire le tour du monde. Si nous allons vers l'Ouest, la traversée de l'Atlantique demande huit jours, celle du Continent américain sept, celle du Pacifique dix-huit ; et du Japon à Marseille, on vient en 40 jours : donc en tout soixante-treize jours ; moins de deux mois et demi pour franchir les vingt-cinq mille milles ou quarante-cinq mille kilomètres.

Les dangers de la mer ou des populations plus ou moins barbares ne sont pas redoutables ; il meurt moins de voyageurs par les accidents de mer que par ceux des chemins de fer, et les populations ne sont dangereuses que pour les imprudents qui les maltraitent.

Quant à la santé, le voyage est un excellent moyen de la fortifier.

Les navires qui sillonnent les grands Océans sont des châteaux flottants ; on y jouit de tout le confortable et de toutes les distractions : bals, concerts, jeux de société ; l'ennui y est inconnu. Les wagons américains sont des salons qu'on transforme en chambres pour la nuit ; et aux Indes, outre le panka ou éventail mécanique, la double toiture, les persiennes et les vitres de couleurs, les fenêtres sont encore garnies, l'été, de branches odoriférantes ; au moyen d'un ressort ingénieux, le mouvement des roues fait tomber sur elles une légère pluie dont l'évaporation rafraîchit et embaume. Donc, pas trop de fatigue à craindre et confortable partout.

Certes, il y a des excursions pénibles dans les montagnes du Japon, dans certaines parties de l'Hymalaya et dans l'intérieur de la Chine, mais elles ne sont pas plus difficiles que celles que nous offrent nos Alpes et nos Pyrénées.

Le Français, en général, réduit encore le monde au bassin de la Méditerranée ou à l'ancien continent ; il ignore les ressources inexploitées qui, sur les divers points du globe, peuvent donner l'aisance et la richesse à de nombreuses familles. Les enfants, de leur côté, savent que le père et la mère ne sont que des usufruitiers, et qu'ils peuvent compter sur leur part de bien. Lorsqu'ils commencent à raisonner, ils font leurs calculs : J'aurai tant de milliers de francs de mon père, tant d'autres milliers de ma mère ;

1

ce n'est pas assez : il me faut un emploi qui produise tant ; et ils entrent dans une administration.

Puisse ce livre montrer la facilité et l'utilité des voyages ! S'ils sont faits dans un esprit sérieux, l'observation et la comparaison feront tomber les préjugés. Les hautes classes, chez nous, voient, dans le commerce et dans l'industrie, quelque chose d'inférieur, et presque de déshonorant. Lorsqu'elles ont des biens, elles se contentent de voir leurs fils, presque toujours privés de fortes études, gérer ces biens ; plus tard, ceux-ci les feront gérer par des tiers et iront en dépenser les renies à Paris, où ils feront, naufrage.

Une grande partie de la bourgeoisie pousse ses enfants dans les carrières administratives, après les études qu'exige un baccalauréat. Après trois ans de stage, un jeune homme, à 23 ans, gagnera 100 à 150 francs par mois ; il en gagnera le double à 40 ans. Esclave du travail, il le sera des opinions d'un maître qui change à tout instant ; il devra briguer sans cesse la faveur de tel député ou de tel ministre, et tout cela pour avoir, à la fin de ses jours, une pension de retraite de deux à trois mille francs. Comment s'étonner alors qu'on ne trouve presque plus d'hommes de caractères ? Si ce jeune homme, ou son père pour lui, avait connu le globe, il aurait fait comme les Anglais, comme les Allemands et les Hollandais, il aurait trouvé, dans l'industrie et dans le commerce, une occupation honorable qui lui eût donné, non l'aisance mais la richesse, non l'esclavage mais la liberté. Aux États-Unis, les emplois administratifs sont le lot des courtes intelligences qui n'ont su ou pu se créer une carrière indépendante.

Aussi, si de l'autre côté de l'Océan, on connaît d'autres plaies, on ignore celle du fonctionnarisme.

Il est temps pour nous de voir notre infériorité et d'y porter remède. Lorsqu'on parcourt la surface du globe et qu'on voit partout l'Anglais, l'Américain et l'Allemand prendre pied à notre exclusion ; lorsqu'on voit que même là où nous étions parvenus à nous établir, nous sommes tous les jours supplantés par nos rivaux, que même, dans plusieurs de nos colonies, les affaires et le commerce sont en d'autres mains que les nôtres ; lorsqu'on voit ce que pensent de nous les autres peuples, le chauvinisme baisse pour faire place à de tristes réflexions ; les illusions disparaissent et on s'applique à l'étude des causes qui ont produit notre infériorité pour les paralyser et les détruire ; en un mot, on sonde nos plaies sociales pour les guérir.

Ce que j'écris n'est que l'ensemble des notes de voyage prises sur place, au jour le jour, et adressées à ma famille ; si l'arrangement méthodique fait défaut, l'impression du moment y est tout entière, et fait mieux ressortir la vérité des choses.

J'ai donné, dans un premier volume, ce qui concerne la traversée de l'Océan atlantique, le Canada et les États-Unis. Celui-ci comprendra la relation de mon voyage depuis mon départ de San-Francisco, jusqu'à mon arrivée en Chine.

CHAPITRE Ier

Le City of Tokio – Le Pacifique – Les Chinois à bord – La vie du bord – Les côtes du Japon

Me voici à bord du *City of Tokio* (ville de Tokio), qui doit me transporter de San-Francisco au Japon. Californie, adieu !

Des masses de Chinois encombrent le navire : ce sont des amis qui accompagnent des amis. Quelques minutes avant deux heures, un gros Chinois parcourt le pont, frappant sur un disque de métal, c'est le tam-tam ; tous ceux qui ne sont pas passagers s'empressent de partir, et à deux heures précises, le navire se meut. Les mouchoirs flottent à terre et flottent à bord, tant que l'œil peut les apercevoir ; puis, nous contournons la presqu'île sur laquelle repose San-Francisco. Cette presqu'île, longue de plusieurs lieues et large de deux, est une succession de collines de sable mouvant. Les premiers chercheurs d'or posèrent au milieu de ces collines les premières cabanes, et maintenant on y voit une grande ville de 300 000 habitants. Les mines sont en baisse, en ce moment ; les gros filons sont épuisés ; c'est pourquoi, les beaux jours pour San-Francisco ont fini aussi. On m'a cité de petits magasins qui se louaient cinq mille francs par mois ; la plus petite monnaie était la pièce de dix sous ; depuis peu, on a introduit celle de cinq, mais d'autres plus petites sont inconnues. Le moindre objet, un fruit, un journal ou une allumette coûte cinq sous.

Le navire marche, il passe devant le fort qui domine l'entrée, et arrive à *Golden gale* (portes de l'or). À gauche, nous voyons les trois rochers, en face de l'hôtel, renommé pour ses huîtres, et appelé le *Cliff house*. Là, des centaines de veaux marins, qu'on appelle ici *sea-lyons* (lions de mer), et qui ne sont que des phoques, prennent leurs ébats. Quelques-uns s'avancent vers nous ; ce sont de gracieux amphibies à l'œil doux, les uns noirs, d'autres blanchâtres, quelques-uns roux comme des veaux.

Selon mon habitude, je parcours le navire en long et en large, et je pénètre partout ; il faut bien connaître la maison qui nous porte. Plus de passagers que je ne croyais ; bon nombre de dames. Deux d'entre elles, mère et fille, sans autre compagnie que leur courage, font le tour du monde. Je retrouve mes officiers allemands que j'avais rencontrés à Ogden ; ils font aussi le tour du monde. En vrais militaires, ils observent les canons, les forts et tout ce qui a rapport à l'art de la guerre. Est-ce que Bismark méditerait de s'annexer la terre ? Il devrait se dépêcher, car la terre se l'annexera un beau jour.

Ma cabine est vers le centre. J'ai pour voisins trois Chinois aux habits plus curieux que d'habitude : ce sont des attachés de l'ambassade chinoise à Washington, qui rentrent dans leurs foyers. Est-ce par suite d'un changement ou par suite de la fin d'une mission temporaire ? je ne sais. J'ai déjà longuement questionné l'un d'eux, il parle un peu l'anglais ; il a habité trois ans Washington. Il est possible que nous fassions route ensemble jusqu'à Pékin.

Le fils du Ciel vient de retirer les étudiants chinois qu'il entretenait en Amérique ; il trouve qu'ils y prennent trop les idées libérales, et que ces idées, propagées dans le Céleste Empire, pourraient bien l'envoyer, non au ciel, mais en l'air.

Les Chinois auraient dû voir qu'en Amérique on est peu porté à la guerre. Aussitôt après la paix qui termina la guerre de sécession, les États-Unis se sont empressés de vendre leurs armes et leurs vaisseaux et de réduire leur armée à 25 000 hommes. On dit qu'ils sont 25 000 sur le papier, mais qu'en réalité, à peine la moitié occupe les divers camps d'observation près des Indiens. Quelques policemen suffisent pour maintenir l'ordre, et quand ils ne suffisent pas, on se garde et on se fait justice soi-même. Ce qu'on appelle le *lynch* consiste dans le fait du peuple qui prend les coupables, ou réputés tels, les pend, les fusille, les brûle ou les noie sans cérémonie. C'est le fait de tous les jours.

Ainsi, pas d'impôt de sang, pas d'impôt pour l'armement. La force vitale de la nation est tout entière à dompter la nature, défricher la terre, ouvrir des routes et des canaux.

Voici encore les terres qui s'enfuient. Dans la brume, on aperçoit la fumée d'une forêt incendiée ; elle brûle depuis quinze jours et brûlera longtemps encore. Le navire marche, marche, la terre disparaît et nous ne la reverrons que dans vingt jours !

Il est minuit, le navire s'arrête ; un bruit strident fait comprendre qu'on lâche la vapeur, que quelque chose est arrivé à la machine ; j'écoute. Je détache l'appareil de sauvetage et monte sur le pont. La machine est dérangée, la vapeur passait par le piston ; le capitaine dit que, dans quelques minutes, tout sera réparé. Je parcours le pont, admirant le beau spectacle d'un clair de lune dans l'Océan, puis je reprends ma couchette, ne dormant que d'un œil.

5

Ce matin, le navire ne marche qu'à la voile. Je rencontre le capitaine et je l'interpelle : – Votre minute est longue, capitaine ! la machine n'est pas arrangée ?

– Aujourd'hui, c'est dimanche, répond-il, c'est le jour du repos.

Enfin, vers midi, l'hélice tourne encore, et nous reprenons notre marche. La couleur jaune sale, que la proximité des côtes donnait à l'eau, a disparu : la mer est bleue et transparente comme notre Méditerranée et calme comme un lac. Aussi, personne n'est malade, tout le monde est content. Le navire est grand, 5 500 tonnes et des cabines pour cent cinquante passagers de première, outre quinze cents d'entrepont pour les Chinois. Nous sommes une quarantaine en première, et à l'entre-pont, deux ou trois cents Chinois occupent les petites couchettes, entassées comme dans une ruche. Ce matin, ils ont rempli le pont de leurs dominos, dés et autres jeux. Le Chinois joue toujours ; quelques-uns ont tiré des livres en parchemin ; ont-ils aussi un dimanche ? Sur le pont, je passe en revue de longs poulaillers ; le cuisinier court après les volailles qui se sauvent, leur allonge le coup et les met dans un sac. Plus loin, de grandes cases sont remplies de moutons vivants ; puis viennent les bœufs entiers suspendus en l'air, et les légumes, et tout ce qu'il faut pour nourrir cinq ou six cents personnes pendant vingt jours. La nourriture, jusqu'à présent, n'est pas trop mauvaise, un peu trop anglaise. Heureusement que j'ai pris à San-Francisco deux caisses de vin. Le vin n'est pas cher en Californie, et on en fait de bon. La vigne se trouve partout à l'état sauvage ; elle couvre les vallons, et dans les forêts elle grimpe sur tous les arbres. Les Américains disent que c'est nous qui leur avons porté le phyloxéra. Pour s'en garantir, ils plantent la vigne sauvage et la greffent.

Dans le sud, vers Santa-Crux et Los Angeles, ils cultivent l'oranger et commencent à planter l'olivier. Ils ont des olives grosses comme des noix. En général, leurs fruits et leurs légumes sont d'une grosseur extraordinaire et d'un goût exquis. Leurs melons, qu'on mange avec la cuiller, sont délicieux.

Mais revenons à notre bateau. On se croirait déjà en Chine. Tous les domestiques sont Chinois, tous les matelots Chinois, les cuisiniers Chinois. Il n'y a d'Américains que les chefs. S'il prenait envie à ces fils du Céleste Empire de se débarrasser de cette poignée de barbares, comme ils nous appellent, la chose leur serait facile.

Un gros Chinois s'approche de moi, il a un petit enfant arrangé comme un gros magot. Ils sont vêtus de laine grise. Je leur demande si, en Chine, ils seront vêtus de soie.

– Non, me répondit-il ; mon père vient de mourir, je suis en deuil, et pour le deuil, on porte la laine et le coton et la couleur grise. Je vais à Canton recueillir la succession de mon père.

– Avez-vous des frères ?

– Oui, trois,

– Comment se règle chez vous le partage des successions ?

– Les frères partagent également, les sœurs n'ont rien.

– Ne pourriez-vous pas quitter votre queue et votre costume ?

– Non, si nous quittions la queue, nous ne pourrions plus rentrer chez nous, nous serions mis en prison.

Je commence à voir fonctionner les bâtonnets ; ils sont en os ou en ivoire, vingt centimètres de long. Les Chinois les tiennent en posant un doigt au milieu et les manient comme des pinces ; mais le plus souvent ils leur servent à pousser le riz du bord de la tasse dans la bouche, comme le font nos éleveurs de dindons.

La salle à manger est gracieusement arrangée, des fleurs partout, et un petit oiseau qui égaie par ses belles roulades.

Le temps a passé assez rapidement. J'ai voulu lire le dernier journal que j'ai emporté de San-Francisco, j'y ai trouvé toutes sortes d'histoires. Ici, les *desperados* font des prouesses, là au nouveau Mexique, les Indiens massacrent hommes, femmes, enfants, brûlent tout ce qu'ils trouvent. Les Américains, à leur tour, brûlent vivants les Indiens qu'ils capturent. Des crimes horribles de tous côtés : des déraillements, des collisions de chemin de fer, des batailles dans les clubs électoraux et des tripotages de toutes sortes. J'ai lu toute la journée, et n'ai pas encore fini ! mais le tam-tam sonne, allons dîner.

Je continue à parcourir les journaux qui, dans les faits divers, sont de plus en plus curieux. Dans toutes les villes, on trouve affiché derrière la porte de chaque chambre, aux hôtels, l'extrait d'une certaine loi, en vertu de laquelle les maîtres d'hôtels ne sont plus responsables des vols commis dans leur maison ; mais cela à deux conditions :

Que la pancarte susdite sera affichée dans toutes les chambres, et qu'on y dira en outre que l'hôtelier tient à la disposition des voyageurs un local sûr pour enfermer leurs valeurs.

Un bon *farmer* (propriétaire-agriculteur), après avoir lu cet avis, s'empresse de descendre au comptoir et dépose entre les mains de l'hôtelier cinq mille dollars (25 000 francs) qu'il avait sur lui. Le lendemain, il pense à les redemander, mais quelle n'est pas sa surprise lorsque l'hôtelier lui dit n'avoir rien reçu. Il crie, il proteste, mais l'hôtelier demeure imperturbable. Il se décide alors à aller chez un avocat à qui il raconte l'affaire. Cet avocat lui répond : « Mon ami, vous avez été bien trop bon ; il fallait réclamer un reçu ; je ne sais si vous pourrez jamais rattraper votre argent : mais si vous êtes décidé à faire tout ce que je vous dirai, nous allons essayer.

– Je ferai tout ce que vous me direz, répondit le farmer.

– Alors, retournez chez l'hôtelier, accompagné d'un ami, et avec bonhomie, priez-le de vous garder cinq mille autres dollars.

– Il ne me les rendra plus, répondit le farmer.

– Il vous les rendra, répliqua l'avocat ; allez, faites cela, puis revenez me trouver.

Le farmer hésitait, mais il avait confiance en son avocat et il s'exécuta : après quoi, il vint retrouver son conseiller.

Celui-ci lui dit : bien, allez maintenant tout seul retrouver l'hôtelier et dites-lui de vous rendre les cinq mille dollars, puis venez me trouver.

Le farmer ne comprenait encore rien à cette combinaison, mais il avait confiance et il fit ce qui lui était prescrit. L'hôtelier donna les cinq mille dollars et le farmer content vint les montrer à l'avocat, car il avait craint de ne plus les revoir.

– Bien, dit l'avocat ; maintenant prenez votre ami, et allez avec lui trouver l'hôtelier et réclamez-lui les cinq mille dollars.

Le farmer ouvrit de grands yeux, il avait compris. Il se rendit chez l'hôtelier avec son ami et demanda les cinq mille dollars. L'hôtelier étonné répondit : je vous les ai remis, il n'y a pas longtemps.

– Vous vous trompez, ajouta le malicieux farmer, vous voulez probablement parler d'un autre : voici mon témoin ; il était présent lorsque je vous ai remis les cinq mille dollars ; si vous ne me les rendez, je vous dénonce à la police : l'hôtelier dut s'exécuter.

Dans quelques hôtels, on trouve aussi cet autre avis : Les voyageurs peuvent mettre, s'ils le désirent, leurs souliers à la porte de leur chambre, et on les cirera ; mais l'hôtel n'est pas responsable s'ils sont échangés ou disparus. Chacun s'empresse de les garder chez soi.

Maintenant que la grande ligne du Pacifique fonctionne si bien, et donne de si beaux revenus, des embranchements nouveaux sont poussés dans toutes les directions et plusieurs lignes parallèles sont même en construction. Une d'elles vient d'être terminée ; elle rejoint le Pacifique vers les confins du Mexique. On espérait que la concurrence amènerait le rabais des prix, soit pour les voyageurs, soit pour les marchandises ; mais les deux compagnies se sont entendues et les prix restent les mêmes. Il s'ensuit que la plupart des marchandises du Japon et de la Chine, pour éviter les prix énormes du chemin de fer, prennent la voie de Suez pour rejoindre New-York ; et le Pacifique ressemble ainsi encore à un désert. Voici dix-sept jours que nous le parcourons et il ne nous a pas été donné de voir un seul steamer ni une voile. Dans quelques années, le chemin de fer canadien ralliera aussi le Pacifique à l'Atlantique et il est probable alors que les prix baisseront. Les chemins de fer, vers le Mexique, sont en construction ; mais pendant longtemps, on y trouvera peu de sûreté ; ce vaste pays est encombré de brigands, appelés *desperados*, qui ne craignent pas d'aborder un train et de le dévaliser ; leurs moyens sont multiples ; ils le font dérailler ou ils s'introduisent déguisés en passagers. Dans un autre État, un jeune homme de dix-sept ans surprend des individus qui volaient ses pommes de terre enfouies dans le champ. Il menace de les dénoncer ; ceux-ci se vengent, et un beau jour, au nombre de vingt-cinq, accostent le jeune homme et le pendent dans la forêt. C'était le fils aîné qui faisait vivre sa pauvre mère veuve et ses petits frères et sœurs. La mère est menacée si elle parle ; elle quitte son champ et sa cabane et s'enfuit dans un autre État, après avoir écrit au magistrat pour dénoncer l'assassinat de son fils. Celui-ci promet, dans une proclamation, une certaine somme à qui arrêtera les coupables ; mais ces coquins menacent de mort quiconque voudra les approcher, et augmentent leur bande au nombre de quatre-vingts. Qui des deux aura le dernier mot, les brigands ou la justice ?

Dans une telle situation, on comprend que le *lynch* puisse encore être en pleine vigueur dans ce pays. Souvent c'est un nègre qui outrage une femme blanche ; il est sûr d'être pendu ou noyé dans les vingt-quatre heures. On n'est pas toujours très scrupuleux sur les moyens de prouver le crime et il arrive parfois que des innocents sont torturés ou tués. Pendant la construction du Central-Pacifique, à une certaine gare, un individu arrive et cherche son cheval ; ne l'apercevant pas, il dit au cabaretier : c'est bien sûr que ce Mexicain l'a volé. Un Mexicain venait en effet de descendre en cet endroit : on le saisit et on réunit les notables pour décider le cas. Le pauvre Mexicain ne peut se faire comprendre, il ne parle que l'espagnol. Après une demi-heure, les notables réunis derrière le cabaret, sortent, déclarant que l'individu n'est pas coupable ou du moins qu'il n'y a pas de preuve contre lui ; la foule réclame et exige que les notables entrent de nouveau en séance pour réexaminer le cas. Après trois quarts d'heure, ils sortent et déclarent l'accusé coupable. La foule applaudit et ajoute : – Nous avions donc raison ; il est pendu depuis une heure !

Un instant après, on aperçoit non loin de là le cheval prétendu volé, et le cabaretier se rappelle qu'il est resté en cet endroit toute la journée !.…

L'Océan reste toujours désert ; pas un steamer, pas une voile à l'horizon. Toujours l'immense voûte du ciel qui nous enferme comme sous une cloche, et les ondes, parfois mobiles, et le plus souvent, calmes comme les eaux

9

d'un lac. Un seul jour, une semaine après notre départ, il nous a été donné de rencontrer des êtres vivants. Avec quel plaisir nous nous penchions sur le bord du navire pour les voir voltiger ! C'étaient des poissons volants d'environ trente à quarante centimètres de long, sortant de l'eau, et se balançant sur leurs longues ailes dans des vols peu élevés, mais souvent longs de plusieurs centaines de mètres. Le lendemain, il plut à la mer de se mettre en tempête. Le vent siffle dans les voiles et semble vouloir les déchirer ; la pluie tombe à torrents ; le navire se balance par un fort tangage, mais déjà notre estomac est habitué et la table ne se dégarnit point. Le mauvais temps, comme le beau, ne saurait durer ; le calme revient bien vite, et un soleil brûlant nous fait prendre les habits d'été. Ce sont nos Chinois qui sont coquets dans leurs culottes et blouses de soie à longues manches de toutes couleurs ! Deux troupes de marsouins apparaissent pour la première fois ; ils sautent hors de l'eau, les uns derrière les autres, comme font les enfants à saute-mouton ; pendant longtemps, nous suivons leurs joyeux ébats, jusqu'à ce que la brume les dérobe à nos yeux. Ce matin, c'est une baleine qui est venue se montrer près de nous ; sa tête, puis son corps, sortaient de l'eau et y rentraient, laissant voir sa longue et belle queue ; elle semblait voguer. Combien j'aurais aimé chevaucher sur son dos ! Qui sait si nous la reverrons encore ! Les goélands sont fidèles à nous tenir compagnie, mais les mouettes et les canards ont disparu. Où dorment-ils ces grands oiseaux, car ils sont loin de terre de plusieurs milliers de mille ; ils suivent assidûment le navire, et aussitôt que les détritus de cuisine sont jetés à l'eau, ils s'élancent et n'en laissent pas perdre le moindre brin. Contrairement à ceux de l'Atlantique et de la Méditerranée qui sont blancs, les goélands du Pacifique sont bruns et semblent plus gros que les premiers ; ils ont au moins un mètre quarante centimètres d'envergure ; nous ne les avons rencontrés que trois jours après notre départ. Enfin, hier, nous avons vu aussi un requin de huit pieds de long ; ces derniers sont à craindre. Récemment, dans un navire allant à Panama, un matelot tombé à l'eau fut avalé par l'un d'eux, avant qu'il pût saisir la corde de sauvetage. On fit le possible pour le retrouver ; on prit plusieurs requins qu'on ouvrit, sans trouver celui qui avait été l'avaleur.

À bord, les journées se succèdent et se ressemblent. Le tam-tam sonne à huit heures pour le déjeuner, à une heure pour le lunch, et à six heures pour le dîner. Cet instrument chinois est agaçant, c'est la clochette de ces pays. Entre les repas, on lit, on se promène, on joue au *boull*, aux cartes, aux échecs. Le *boull* est le jeu des Océans. On trace sur le pont des lignes formant plusieurs carrés, contenant chacun un chiffre ; d'un but placé à dix ou douze mètres, on lance un petit cerceau de corde dans ces carrés. Celui qui arrive plus tôt à cent points, gagne ; s'il dépasse, il doit revenir en arrière en atteignant la case supérieure qui est la plus grande et qui fait perdre dix points. Le soir, on fait de la musique ou on danse. À dix heures ou onze heures, on reprend sa cabine d'où l'on ressort le matin pour le bain de mer, dans de bonnes baignoires que la vapeur chauffe à volonté.

Comme nous avons à bord des gens de toutes langues, plusieurs en profitent pour prendre des leçons d'anglais, d'espagnol, d'allemand, d'italien et même de chinois et de japonais.

Quelques-uns de nos Chinois d'entre-pont sont malades ; ils espèrent retrouver les forces dans le pays natal, mais il ne leur est pas toujours donné de le revoir. Parfois, ils meurent en route à trois ou quatre par jour. Dans ce voyage, un seul encore est passé à l'autre vie ; il a été embaumé, et, selon la coutume des *Célestiaux*, il sera enterré en Chine. Lorsqu'ils s'engagent avec les compagnies qui les transportent en Amérique, ils stipulent toujours, dans le contrat, que s'ils meurent sur la terre étrangère, leur corps sera porté en Chine et enseveli près des os de leurs pères. Qui sait si à fond de cale nous n'avons pas plus de Chinois morts que nous n'en voyons de vivants sur le pont !

Un riche marchand a sa famille dans sa cabine, à côté de la mienne. La pauvre femme n'en est jamais sortie. C'est l'usage en Chine que les femmes ne se montrent pas ; au reste, avec ses petits pieds, elle aurait bien des difficultés à marcher. Son jeune garçon monte parfois sur le pont, accompagné de son père, mais les trois petites, avec la bonne, sont séquestrées comme la mère ; néanmoins, elles se montrent quelquefois à la porte, et commencent à s'apprivoiser. Elles fuyaient auparavant à ma vue, puis elles ont souri, et ne craignent pas maintenant de venir dans ma chambre demander des fruits, des bonbons et surtout des images. Elles parlent volontiers, mais je n'entends pas un mot de leur chinois, et ce n'est que par signes que je leur fais comprendre que les Européens aiment et caressent les enfants. La mère elle-même s'est montrée quelquefois à la porte, témoignant par signes sa reconnaissance pour le bon traitement envers ses enfants.

Je viens de visiter la machine. Notre hélice a déjà fait 725 000 tours depuis San-Francisco. Encore 200 000 tours et nous serons arrivés ; elle en fait quarante par minute et nous filons dix, onze, douze, et treize nœuds et demi, selon que le vent est debout ou arrière ; en ce dernier cas, toutes les voiles sont déployées, et les matelots Chinois grimpent dix fois par jour, comme des singes, à la cime des mâts, pour les plier ou les déployer. Le magasin à charbon contient 1 500 tonnes. On l'économise, et des douze fourneaux, six seulement sont allumés, et brûlent 45 tonnes par jour. Le déplacement des pistons est de quatre pieds et demi ; ils sont au nombre de quatre pour faire tourner l'arbre qui porte l'hélice. Quinze Chinois sont constamment occupés à attiser les fourneaux ; ils sont remplacés chaque quatre heures. La chambre à fourneaux et la chambre à machine ressemblent assez à celles des grandes frégates. Outre les passagers (150 en première et 1 500 d'entre-pont) et le charbon, le navire porte encore à pleine charge 4 500 tonnes. Cent trente personnes forment le personnel de service qui comprend les officiers, les matelots, les chauffeurs, les mécaniciens et les domestiques. Le prix de passage des Chinois (55 dollars pour chacun, 575 francs) fait en moyenne tous les frais du navire. Le fret des marchandises, qui est considérable, et le prix des passagers de première, qui est de 1 250 francs, forme pour la Compagnie, à peu près un bénéfice net.

Il n'en est pas ainsi de la ligne d'Australie qu'exploite la même Compagnie, la *Pacific mail sleam ship Company*. Là, les passagers de première sont beaucoup plus nombreux, mais les marchandises en petite quantité, et de Chinois, presque pas, en sorte que la Compagnie perd de l'argent, et à moins d'une subvention du gouvernement, elle paraît décidée à quitter la ligne au bout de deux ans, terme de son engagement.

Des précautions sont prises à bord pour surveiller les Chinois ; jour et nuit des blancs veillent sur le pont, dans l'entre-pont et dans la machine. Il leur serait bien facile de se défaire du petit nombre de blancs et de s'emparer du navire. Ils le firent une fois, mais le mécanicien blanc, qu'ils avaient laissé dans la machine pour continuer la marche, sortit avec un manchon plongeant dans les chaudières, et dirigea le jet de vapeur sur les nombreux Chinois qui, sur le pont, tenaient les blancs prisonniers, le revolver à la gorge. Il les aspergea si bien qu'ils lâchèrent prise et n'eurent plus envie de recommencer. Sur tous les steamers, naviguant avec des Chinois, les manchons à vapeur sont toujours prêts à fonctionner.

L'eau douce vient de finir ; une pompe en puise maintenant en mer, la distille et l'envoie au réservoir. Je viens de la goûter, elle est aussi bonne que l'eau des meilleures sources.

Le dimanche en mer est bien monotone sur les navires anglais ou américains. Le jeu de *boull* est interdit et les protestants se défendent de jouer, et même de faire de la musique. Le 15 août n'a pas connu à bord la solennité du jour de fête de nos contrées catholiques. Le 16 août, à huit heures du matin, nous avons atteint le 180e parallèle, le point exact des antipodes, et la carte journalière portait, à midi, les indications suivantes : Distance parcourue dans les vingt-quatre heures, 272 milles (le mille marin est environ 1 800 mètres, le mille terrestre anglais un peu plus d'un kilomètre et demi, 1 600 mètres). Latitude nord, 40°, longitude est, 177°, pendant que, avant-hier, la feuille marquait longitude ouest 177° ; aussi, au lieu de porter la date, mercredi 17 août, la nouvelle feuille a sauté un jour, pour marquer jeudi 19 août. En effet, depuis que nous avons quitté l'Europe en venant vers l'ouest, tous les jours de voyage ont été allongés d'environ une demi-heure puisque nous parcourions de quatre à cinq degrés par jour, chaque degré étant soixante milles à l'Équateur et d'environ cinquante-deux milles au 40° latitude. Arrivés au 180°, nous avons perdu douze heures, soit un jour, et, pour nous retrouver à la même date avec l'Europe, nous sommes obligés de sauter un jour.

Le même phénomène, mais en sens inverse, se produit pour ceux qui viennent de l'est. Chacun de leurs jours de voyage est raccourci d'environ une demi-heure, en sorte qu'arrivés au 180° parallèle, ils se trouvent avoir douze heures, soit une journée en plus, et, pour retrouver la date, ils sont obligés de placer un jour de plus et d'avoir une semaine de huit jours, pendant que nous avons eu une semaine de six.

Voici les côtes du Japon : et d'abord, à droite, le cap King avec son phare. Les collines et les montagnes sont couvertes de pâturages et de forêts, pendant que la plaine est semée de riz.

Les jonques japonaises apparaissent de toutes parts avec leurs voiles carrées en forme de draps de lit. Plus loin, Kanonsaky à gauche, avec son phare et ses batteries à l'Européenne ; puis Parry-Island, ainsi nommée en souvenir du commandant Parry qui, avec un navire des États-Unis, aborda ici en 1853 et Wetester-Island, en souvenir de son porte-drapeau. Un steamer japonais, avec son drapeau à globe rouge, s'en va à Kobé.

Nous voici en face de *Treaty-Point* où, en 1857, le premier traité a été signé entre le Japon et les États-Unis.

Grand mouvement sur le navire ; tous les officiers sont à leur poste. Ici, on prépare les canots, là les ancres. Dans l'entre-pont, on monte les nombreux paquets de la poste. Les mâts ont chacun leur drapeau ; le premier est le japonais, puis celui du Comodore, ensuite celui de la Compagnie et celui de la poste ; enfin, à la poupe, celui des États-Unis.

L'immense baie est magnifique à voir. Dans le lointain, les navires ancrés devant Yokohama : les drapeaux allemands sont hissés ; est-ce un jour de fête pour l'Allemagne ?

Un petit steamer nous accoste et nous amène l'employé de la Compagnie.

Le *Goélic*, que nous croyions parti depuis plusieurs jours, est encore à l'ancre ; il partira demain matin pour San-Francisco et emportera cette lettre qui pourra ainsi vous arriver en trente-huit ou quarante jours.

Par l'autre côté du globe, les Messageries ne vous l'auraient apportée que dans quarante à quarante-cinq jours.

Les jonques assiègent le navire et les mariniers se font donner des coups par les matelots. Le plus souvent, ils sont en costume d'Adam.

Je joins ici des images des Chinois ; ils en ont inondé le navire.

Ces papiers dorés devaient les préserver des mauvais esprits et du naufrage ; ils sont arrivés, ils n'en ont plus besoin et les jettent au vent.

CHAPITRE II

Premières impressions – Yokohama – Kamakura – Enosima – Le lac Hakoné – Les bains d'Ashinoyou – Religion, finances, marine, mœurs et coutumes

Bains d'Ashirioyou, 2 septembre 1881.

Voici une semaine que je suis au Japon et je ne m'y reconnais pas encore. Tout ce que je vois, tout ce qui m'entoure est en dehors des choses auxquelles nous sommes habitués ; je me crois en rêve comme dans les contes des *Mille et une Nuits*.

Et, d'abord, le paysage est ravissant. Malgré une chaleur torride, tout est couvert de verdure, depuis les pics élevés jusqu'aux collines riantes et aux vallées tapissées de rizières. Le long des routes, des arbres magnifiques élèvent leurs cimes dans les cieux ; les sentiers sont bordés de haies aux mille fleurs, depuis le camélia et l'hortensia jusqu'aux herbacées les plus variées. On se croirait dans un parc.

Les habitants sont gais et aimables ; partout figures souriantes et bon accueil. Les logements, les habitudes, les mœurs ont quelque chose de primitif et d'enfantin.

Quand on vient d'Amérique, on est frappé tout de suite de la ressemblance parfaite entre cette race et les Indiens de l'Amérique du Nord : mêmes cheveux noirs, longs et touffus, et presque pas de barbe ; mêmes traits, peau rouge ; et, si petite taille, qu'on croit voir un peuple d'enfants.

Les maisons sont pittoresques, mais fort simples ; quelques pieux supportant un toit de chaume, et c'est tout. L'espace ainsi couvert est une vaste pièce ou des pièces nombreuses qu'on forme à volonté, au moyen de coulisses, consistant en châssis couverts de papier. Ces coulisses sont posées aussi aux parois extérieures, et le papier blanc laisse passer le jour. Le plancher est en nattes de jonc, enserrant une couche de paille de riz, ce qui le rend assez moelleux ; cette espèce de tapis ou matelas d'un nouveau genre est appelé *tatamis* dans le pays.

Le Japonais exige que l'Européen, en entrant, pose ses souliers ; son plancher est son lit, sa table, son tout ; il ne veut pas qu'on le salisse. De meubles, pas de traces ; quelques couvertures formées par une forte couche de ouate enfermée entre une étoffe de coton, servent à préserver du froid et de l'air qui ne se gêne pas pour passer entre les jointures. Quelques petits tabourets de bois ou de carton servent de coussins ; une petite caisse contenant le feu pour allumer la pipe est toujours présente.

Les femmes, comme les hommes, ont constamment la pipe à la bouche, lorsqu'ils sont en repos. Cette petite pipe contient à peine une pincée de tabac fin et doux ; on en tire deux ou trois bouffées de fumée et c'est fini ; on la bourre de nouveau et on recommence. Les hommes, comme les femmes, portent à la ceinture l'étui à pipe et la blague à tabac.

En arrivant dans une maison, la première chose qu'on vous présente, c'est le feu pour la pipe, puis une tasse de thé grande comme celle de nos poupées ; une petite théière est toujours sur le plateau ; le thé est sans apprêt, c'est la feuille sèche et verte, telle qu'elle vient du buisson ; on le prend toujours sans sucre ; il n'est pas mauvais, mais je lui préfère le thé noir de Chine.

Les maisons n'ont ordinairement qu'un rez-de-chaussée, parfois un étage, et sont entourées d'une galerie extérieure qui sert de couloir ; les coulisses qu'on pose le soir, sur la partie extérieure de la galerie, sont en planches, destinées à protéger contre les voleurs.

Le vêtement est des plus simples. Pour les hommes du peuple, une petite ceinture blanche autour des reins ; pour les femmes, une toge légère avec une ceinture coquettement nouée par derrière ; mais dans la campagne, un simple petit jupon ; de la taille à la tête, nudité complète, si ce n'est une croisière sur la poitrine qui sert à attacher le petit marmot porté sur le dos. On voit partout les femmes livrées aux travaux des champs et du ménage, avec ce marmot qui joue avec les cheveux de la mère, ou qui dort profondément, la tête pendante.

Depuis quelques années, les lois défendent la nudité ; aussi, je vois souvent les coolies qui me portent, passer rapidement un chiffon ou une prétendue toge sur leurs épaules, à l'approche d'un policeman ; mais ils l'enlèvent, à peine il a tourné le dos.

Les moyens de locomotion sont le *djinrikisha*, espèce de petite voiture à deux roues, qu'un homme traîne, en guise de cheval ; il fait ainsi facilement de 6 à 8 kilomètres à l'heure. Mais les routes qui permettent passage à cette espèce de brouette ne sont pas nombreuses, et il faut recourir au *kago*, sorte de panier de bambou suspendu à une barre de bois que deux hommes portent sur leurs épaules. Les Japonais s'y blottissent, les jambes croisées.

Les Européens, ne pouvant supporter ce supplice, on a construit pour eux des *hochi-kago* ou grand *kago* ; ils sont en bois et assez longs pour permettre d'allonger les jambes ; une petite toiture en planche, suspendue à la barre de bois, protège contre le soleil et la pluie, et au-dessous, on attache le bagage du voyageur.

Pour ces petits Japonais, il est très dur de porter, par les rudes chemins des montagnes, les grands et gros Européens qui dépassent souvent en poids les 100 kilogrammes ; aussi, leur peau rouge et nue ruissèle de sueur, et ils changent d'épaule régulièrement chaque minute. Un troisième porteur remplace aussi un des deux premiers, à de courts intervalles, mais tout cela se fait rapidement ; le bâton du porteur est posé sous la barre du *kago*, et la soutient jusqu'à ce que l'épaule du remplaçant vienne en prendre la place.

Le Japonais ne se nourrit que de riz et de poisson.

La religion d'État est celle de Shinto, ancêtre de la dynastie, mais la religion dominante est celle de Buddha qui admet la métempsycose, et défend de manger les animaux, pour ne pas s'exposer à avaler l'âme des individus passée dans les bœufs ou les moutons. De ce chef, une immense richesse est perdue pour le pays.

Des collines et des montagnes, couvertes de magnifiques pâturages, ne nourrissent que quelques lapins ou quelques bêtes sauvages.

Les paysans ont parfois, mais rarement, des chevaux qui, comme les hommes, sont chaussés de souliers de paille. Les denrées sont portées à dos d'homme ou traînées sur de petites charrettes, là où elles peuvent passer. Quelques Européens, à Yokohama, ont leur voiture ; elles sont précédées de *betos* qui, comme en Égypte, courent au-devant des chevaux.

Le Japon se compose de quatre îles principales, entourées d'une infinité de petites dépassant le nombre de quatre mille.

Habité originairement par des populations sauvages venues de l'île de Jezo, dans le nord, il fut conquis vers l'an 285 de notre ère par les Chinois qui lui donnèrent leur civilisation.

Vers 552, le bouddhisme y fut importé des Indes. En 1642, saint François Xavier y introduisit le Christianisme qui s'y développa rapidement ; mais, en 1614, les chrétiens furent persécutés et massacrés : des milliers furent précipités à la mer du haut d'un rocher, à Nakasaky, et le pays fut fermé aux étrangers. Les Hollandais seuls purent conserver une petite factorerie dans le sud, au prix des plus humiliantes sujétions.

Le 7 juillet 1853, le commandant américain Parry arriva dans la baie de Yeddo, et le 31 mars de l'année suivante, un traité fut ratifié entre le Japon et les États-Unis. La porte était ouverte ; toutes les nations y passèrent, et le gouvernement japonais ouvrit cinq, puis sept de ses ports aux étrangers, signant des traités avec l'Angleterre, la France, la Russie, la Hollande, l'Espagne et l'Italie.

Le 1er juillet 1854, le premier établissement (*Seulement*) est ouvert à Yokohama pour le commerce étranger.

En 1860, une ambassade japonaise parcourt l'Europe.

En 1868, une grande révolution s'accomplit. Le *Taïcoun*, espèce de *maître du Palais*, qui gouvernait depuis des siècles, est renversé, et le Mikado ou empereur, qu'il tenait caché comme un monarque mystique, rentre dans la plénitude du pouvoir.

En 1871, le système féodal est aboli ; les *Daïmios* ou seigneurs restituent au pouvoir central leurs domaines, contre indemnité. Leurs adhérents ou *Samouraï* reçoivent une pension et défense de porter désormais leurs deux sabres légendaires.

En 1872, une nouvelle ambassade japonaise fait encore le tour du monde en passant par l'Amérique. À Washington, ils s'aperçoivent que leur costume est trouvé ridicule, et s'habillent à l'européenne.

Ils observent les aptitudes des diverses nations et appellent des professeurs européens pour introduire chez eux les sciences et les arts des pays civilisés. À la France, ils confient l'organisation de leur armée et de leurs codes. À l'Angleterre, celle de la marine ; à l'Amérique les finances ; à l'Allemagne la médecine, à l'Italie les arts. Le choix montre qu'ils ne manquent pas de discernement.

Depuis lors, chaque jour apporte un peu de progrès. La poste et le télégraphe fonctionnent comme en Europe ; l'instruction publique est largement distribuée jusque dans les plus petits hameaux.

Il n'y a ici, à Ashinoyou, que quatre à cinq maisons, et je voyais ce matin les sept à huit garçons et filles de l'école faire de très justes additions en chiffres européens, même à l'âge de quatre à cinq ans, tout en chantant leurs leçons japonaises sur le ton d'une cantilène monotone.

Un chemin de fer va de Yokohama à Tokio, et un autre de Kobé à Osaka, à Kioto et au lac de Biwa. Une société d'anciens *Daïmios* vient de se former pour construire un chemin de fer entre Kioto, l'ancienne capitale, et Tokio, la capitale actuelle (l'ancienne Yédo).

Le recensement qui vient d'être terminé donne pour tout le Japon une population de 35 925 313 habitants.

Les villes les plus importantes sont : Tokio, avec 957 121 habitants, – Kioto, 822 098 habitants, – Osaka, 582 668 habitants.

Le riz, le thé, la soie, le tabac, les laques sont exportés en grande quantité. Les Anglais importent les cotonnades, les Américains le pétrole et la farine, les Français le vin, les Allemands sont à la tête de nombreuses maisons, à Yokohama.

L'élément français qui dominait au commencement va s'éteignant, comme partout, en Asie. L'élément anglo-saxon, Anglais et Américain, se multiplie et domine. Vient ensuite l'élément allemand. L'élément italien ne compte que douze nationaux dans tout le Japon.

Depuis que je suis ici, j'ai déjà entendu parler, dans tous les sens, sur le compte du peuple japonais. Les uns le portent aux nues, les autres le mettent au plus bas. Le vrai sera probablement dans une juste moyenne.

Je viens de lire, dans un journal anglais de Yokohama, traduit d'un journal japonais, à propos du différend entre le Japon et la Chine, un article relatif à l'île de Riukiu ; il est facile d'y voir que les Japonais connaissent leurs affaires et leur monde. Le journal conseille la paix et l'union entre les puissances orientales pour résister à leurs ennemis communs, la Russie et l'Angleterre, et il ajoute :

« Employons en chemin de fer les millions que nous coûterait la guerre ; évitons, pour un peu de gloriole militaire, de faire le jeu des fauves qui nous guettent pour nous dévorer. N'oublions pas l'exemple de la Turquie et de la Perse que l'Angleterre et la Russie ont occupées si bien en batailles, et qui après s'être affaiblies réciproquement, sont devenues leur proie. »

Si leurs yeux sont ouverts à propos de la politique, ils ne le sont pas moins pour le commerce. Ils sont en train de ruiner les Européens établis à Yokohama pour s'en débarrasser ; pour cela, ils cessent d'avoir recours à leur intermédiaire et viennent de former diverses sociétés, qu'on dit secrètement subventionnées par le gouvernement, pour faire le commerce direct avec l'Europe.

Les finances ne sont pas prospères ; la rapide transformation du pays a exigé des dépenses au-dessus de ses forces ; mais des économies sont réalisées, et on espère pouvoir supprimer le cours forcé du papier-monnaie ; celui-ci perd en ce moment presque 80 %. Les Japonais voudraient bien imiter l'Amérique, et faire payer les dettes aux étrangers, au moyen des droits de douane, mais les traités le leur interdisent. Depuis longtemps, ils réclament leur révision aux puissances qui ne paraissent pas pressées. Au reste, de longtemps encore, elles n'accepteront pas la demande du Japon relative à la juridiction sur les étrangers ; ils auraient par là une arme pour les tracasser et les mettre légalement à la porte. Un grand courant de l'opinion publique, manifesté par les nombreux journaux japonais, pousse à l'institution du système représentatif. Le gouvernement vient de faire un pas dans ce sens en formant trente-six collèges électoraux pour l'élection des représentants du peuple : le suffrage n'est pas universel, mais il suffit de payer 5 yen (25 francs) de contribution foncière pour être électeur et 50 francs (10 yen) pour être éligible. Les candidats doivent être majeurs et habitants de la circonscription. Les sessions de ces assemblées ont lieu tous les ans et durent trente jours. Les délégués ne sont pas payés ; ils sont élus pour quatre ans, au scrutin ouvert, et renouvelables moitié chaque deux ans. Leur pouvoir n'est pas législatif, mais ils ont le contrôle de toutes les dépenses locales, telles que celles de police, entretien de ponts et chaussées, hôpitaux et institutions charitables, écoles, construction et réparation des endiguements, des réservoirs, des ruisseaux, d'irrigation, et des édifices publics.

Chaque votant doit mettre son nom sur le bulletin du vote, ce qui le rend moins libre. Son mandat expiré, un délégué n'est plus éligible pour la session suivante, ce qui prive l'assemblée d'hommes expérimentés.

Malgré ces deux derniers inconvénients, cette institution est un progrès pour le pays, et l'achemine doucement aux institutions représentatives. Le code pénal et le code d'instruction criminelle, rédigés par M. Boissonade, avocat français, professeur de droit, très capable et grand travailleur, sont prêts depuis un an et ne demandent qu'à fonctionner : ils donneront de bons résultats. Les peines sont plus rationnelles ; le voleur qui, pour un vol de la valeur de 60 yen ou pour récidive, était puni de mort et qui en tout cas était tatoué, voit la punition proportionnée au délit, depuis l'amende et la prison jusqu'aux travaux forcés. Les banqueroutiers de profession ont aussi reçu un frein ; ils peuvent être condamnés à la prison et aux travaux forcés. Les introducteurs d'opium ou d'instruments pour le fumer sont sévèrement punis.

Le code civil est en préparation ; il améliorera certainement la position de la femme qui, ici, comme dans tous les pays où le christianisme ne l'a pas affranchie, est à peu près une esclave ou une chose. L'autorité paternelle est absolue : le père peut vendre ses filles ; les pauvres usent souvent de ce droit. Aussi, contrairement à ce qui arrive en Chine, où les nouveaux-nés de sexe féminin sont jetés à la rue ou à l'eau, ici, on les préfère parce que, arrivées à l'adolescence, elles rapporteront un prix. Le Japonais, comme le Chinois, ne croit pas que la femme ait une âme. La femme mariée noircit ses dents, ce qui la rend affreusement défigurée ; elle fait tous les travaux, même les plus pénibles, jusqu'à piler le riz pour le blanchir, avec d'énormes massues de bois ; elle sert son mari et ses garçons, mais dans les classes moyennes et hautes, ni elle ni les filles n'ont le droit de rester à table avec les hommes. Le Japonais a une seule femme légitime, mais il a droit de prendre autant de concubines qu'il en peut nourrir ; la religion, aussi bien que les institutions du pays, l'y autorise. La concubine est parente au second degré, et ses enfants sont légitimes. Le divorce est facile et fréquent. Il peut être prononcé pour un des sept motifs suivant : 1° si la femme n'obéit pas au beau-père et à la belle-mère ; 2° si elle est jalouse des concubines ; 3° si elle convoite leurs robes ; 4° si elle est malade ; 5° si elle est infidèle ; 6° si elle est stérile ; 7° si elle parle trop.

La loi punit l'infanticide ; les pauvres et les concubines portent souvent leurs enfants aux sœurs de Saint-Maur, établies à Yokohama et à Tokio. Ces bonnes sœurs les reçoivent, les donnent en nourrice, moyennant 3 francs par mois, et les retirent ensuite pour les élever chrétiennement. Elles en ont six cents en ce moment, et le défaut de nourrices leur interdit de prendre tous ceux qui se présentent. Les nourrices demandent une augmentation de traitement, et il faudrait plus de fonds pour sauver un plus grand nombre de ces petits êtres ; car, il est probable que ceux qui sont refusés sont tués en cachette. Toutefois, la condition de la femme est bien meilleure ici qu'en Chine ; ses pieds ne sont pas estropiés et elle sort librement. En général, elle est jolie et coquette ; elle soigne beaucoup sa belle coiffure noire, artistement nouée à l'aide de deux peignes autour d'une grosse aiguille ; mais l'huile de camélia avec laquelle elle la parfume a une odeur détestable.

Le culte des morts est en honneur ; les cimetières, à côté des villes et villages, ont de nombreuses pierres tumulaires avec des inscriptions, et quelquefois des sculptures plus ou moins primitives ; les tombes sont souvent ornées de fleurs.

Les méthodes curatives sont encore élémentaires. Les corps nus qu'on a sous les yeux sont toujours marqués de plusieurs brûlures. Les malades ont presque toujours recours au fer chaud, aux pinces rougies appliquées sur le dos ; ils ont aussi quelques purgatifs et un petit poisson qu'ils vendent, enfilé à un bâtonnet ; ils le croient efficace contre les vers. En général, le Japonais a le système nerveux moins excitable et moins sensible que l'Européen ; il ne se plaint pas et crie rarement, même sous le coup des opérations les plus douloureuses.

L'hygiène est peu connue et peu pratiquée. Les habitants sont ordinairement fort propres ; ils ont l'habitude du bain journalier qu'ils prennent chez eux dans une cuve de bois. Dans les bains publics, hommes et femmes se baignent sans costumes. Les détritus sont laissés autour des maisons et engendrent des maladies. La première quinzaine de juillet, il y a eu huit cent quatre-vingts cas de fièvres typhoïdes à Tokio ; et, maintenant, le choléra règne dans plusieurs localités, au Japon, y compris Yokohama et Tokio ; mais il est plus fort dans le midi, vers Nagasaki.

Dans l'île de Kagosima, les habitants ont fait un mannequin et l'ont promené devant chaque maison infestée avec un grand bruit et des hurlements, pour obliger le démon de la maladie à sortir de la maison et à entrer dans le mannequin ; la tournée finie, ils l'ont jeté à la mer ; mais les habitants de l'île voisine étaient tous sur le rivage avec des fourches pour l'empêcher d'accoster. Il y a deux ans, le choléra sévissait plus qu'à l'ordinaire ; les médecins européens donnaient le pétrole pour friction extérieure, et les Japonais l'avalaient ; il en est résulté des désordres qu'il a fallu réprimer par la force. La populace, ici comme en Europe, en semblable circonstance, accusait les médecins de complots pour tuer les pauvres.

Maintenant que j'ai raconté ce que j'ai vu et appris du Japon, je vais rapidement indiquer l'emploi de mon temps.

Le jeudi 25 *août*, arrivée à Yokohama, vers six heures du soir. Tohubohu général au débarquement, surtout en ce qui concerne les Chinois. Pour les Européens, ils montent dans un des steamers des différents hôtels, qui remplacent ici les omnibus, et sont déposés au quai pour les formalités de la douane. Celle-ci est bénigne, et d'ordinaire, ne fait pas ouvrir les malles. Des nuées de *djinrikisha* vous assaillent pour vous faire monter dans leurs petites voitures, et l'on arrive au *Windsor-hôtel*, tenu par un Américain, ou au *Grand-hôtel*, tenu par un Français. Le soir, après le dîner, nous faisons une promenade dans la ville. Elle est éclairée au gaz ; les rues sont belles et bordées de maisons de pierre ne dépassant pas un étage sur rez-de-chaussée ; ce sont les maisons européennes. Dans les quartiers japonais, les maisons sont construites à la manière indigène. Il n'y avait ici qu'un tout petit village, il y a quelques années, et maintenant on voit une ville de quarante mille habitants. De beaux magasins y étalent toutes les productions de l'Europe et celles de l'Asie. Une petite chaîne de collines, au sud, est parsemée de villas. Les Anglais y ont comme partout le *cricket ground* et un peu plus loin leur champ de courses. Sur l'enseigne d'un magasin, je lis : *Boulangerie provençale ;* j'entre, croyant y trouver un Marseillais, le patron était Sicilien et la femme du Nivernais. Je prends, sur la table, un journal français : c'est l'Écho du Japon, et j'y lis le récit d'un attentat commis, la veille, contre un Anglais. Il revenait à neuf heures et demie du soir de voir son frère sur la colline, et apercevant à distance trois Japonais qui semblaient vouloir lui fermer la route, il tire en l'air un coup de revolver et lance son cheval. Les Japonais disparaissent, mais reparaissent peu après. L'un d'eux saisit la bride, l'autre lance un coup de sabre qui blesse le cavalier à la jambe ; celui-ci tire son revolver en pleine poitrine et renverse l'agresseur. Le cheval effrayé prend le mors aux dents et se débarrasse de celui qui le tenait. Lorsque le cavalier l'eut maîtrisé, il revint sur le lieu de la lutte pour chercher les traces des assaillants, mais il ne les trouva plus. On m'avait dit que la sûreté des personnes ne courait plus aucun risque ni de jour ni de nuit : ce fait donne un démenti.

Rentré à l'hôtel, le sommeil fut difficile ; la chaleur était extrême. J'ouvre toutes les fenêtres, mais, vers l'aube, la fraîcheur me réveille et je suis obligé de refermer les vitres.

La journée du 26 fut employée à faire visite aux missionnaires et aux quatre ou cinq maisons de commerce pour lesquelles j'avais des lettres de recommandation. Une de ces maisons est japonaise, c'est la *Bojeky-Shoko-wai*, nom qui signifie commerce-société ; ses bureaux occupent une maison japonaise. Le directeur ; en costume indigène et défiguré par la petite vérole, a l'air actif et intelligent. Au moyen d'un de ses employés, M. Motono, qui a étudié trois ans à Paris, nous échangeons une longue conversation. Il offre de m'accompagner à l'excursion de Nikko, point le plus intéressant du Japon, à trente-six lieues de Tokio, et j'accepte. Il m'invite à déjeuner et je dis : oui. On me demande si je préfère déjeuner à la japonaise ; et, sur mon affirmative, on me conduit à un restaurant indigène. À l'entrée de la maison, deux jeunes filles se prosternent jusqu'à terre (c'est le salut japonais) et nous font déposer les souliers. Dans la salle, pas de chaises, pas de table, pas de meubles, le plancher seul ; nous y croisons nos jambes, et on nous sert du thé, sans sucre, dans des tasses microscopiques, puis arrivent successivement, mais à de longs intervalles, un bouillon de poisson dans un bol de bois laqué, et dix à douze plats de poissons divers, accommodés avec des fruits, des légumes, des confitures, et même un plat de poissons de roche, entièrement crus, taillés en tranches. J'ai voulu goûter de tout, mais mon estomac n'était pas content. Pour boisson, du *saki*, ou extrait de riz, détestablement mauvais. J'étais peu habile à manier les bâtonnets, et, plus d'une fois, j'ai été obligé de les prendre à deux mains. Décidément, je préfère déjeuner à l'européenne ; les jeunes filles qui, à chaque plat, faisaient les mêmes saluts jusqu'à terre, riaient de mon embarras.

Le samedi 27, longue excursion avec les Allemands venus avec moi de San-Francisco. Nous partons à sept heures du matin, en *djinrihisha ;* un homme tire par les brancards, un autre pousse par derrière, car la route est longue de treize à quatorze lieues. Nous parcourons des sentiers bordés de haies fleuries, des plaines couvertes de riz près de mûrir, et nous escaladons de charmantes collines cultivées en légumes, en céréales diverses ou couvertes de buissons ou de forêts. Le paysage est féérique, et le ciel bleu comme celui de Nice ; les cigales étourdissent par leur chant monotone, mais une espèce particulière a une cantilène différente de celles d'Europe. De temps en temps, des auberges, qu'on appelle ici *uciaja*, ou maisons de thé, nous servent le thé du Japon ; et nos hommes s'y reposent quelques instants.

À onze heures, nous arrivons à Kamakura. C'est maintenant un petit village ; au Moyen Âge, c'était la capitale du Japon, avec deux cent mille maisons. Il reste plusieurs temples dans lesquels on conserve, comme reliques, des armes de guerriers célèbres. Les prêtres paraissent fort pauvres ; ils nous vendent des gravures et des photographies. Un peu plus loin, nous dînons dans une maison de thé avec des provisions que nous avions prises à l'hôtel, puis nous visitons les Daï-butzu, immense statue de Bouddha, haute de plus de dix mètres. Le Dieu est assis, les jambes croisées sur une fleur de lotus, et tient les mains jointes sur les jambes, le pouce contre le pouce. Cette statue est en bronze et d'une belle expression. Nous pénétrons dans l'intérieur : c'est un four à soixante degrés. Il y a là un autel et beaucoup de chiffons de papier blanc suspendus en *ex-voto*. À l'extérieur, des centaines de planchettes de bois portent le nom des pèlerins et le montant de leur offrande.

Nous poursuivons notre route et nous visitons plusieurs autres temples. Les uns sont Shintoïstes, les autres Bouddhistes. Les premiers n'ont à l'intérieur qu'un miroir, image de la conscience ; ceux de Bouddha ont des statues, des chandeliers, des autels et des reliquaires qu'on porte en procession. Deux grandes statues ornées de flèches, ou deux dragons monstres, se dressent ordinairement à la porte de chaque temple pour en garder l'entrée.

Arrivés à la mer, nous montons dans une jonque ou barque indigène ; tous les enfants du village nous suivent, demandant de petites monnaies. Les jonques japonaises sont primitives : quelques planches de pin clouées ensemble, des rames énormes manœuvrées à la vénitienne, et pour voile, une pièce d'étoffe carrée. De fortes vagues nous inondent au fond de la barque, car nous sommes privés de sièges. En deux heures, nous atteignons la petite île d'Enosima, magnifique bouquet d'arbres qui semble émerger des flots. Un village de pêcheurs confectionne de charmants petits travaux en coquillages.

Il y a ici l'éponge spéciale sur laquelle croissent de magnifiques fils blancs comme des plumets.

Nous grimpons à la cime de l'île pour y visiter plusieurs temples et jouir d'un panorama délicieux. Nous avons trouvé là une longue-vue assez bonne, mais primitive : une petite caisse de bois longue de deux mètres, portant une lentille à chaque bout.

Mais le jour baisse, et il faut songer au retour ; il nous reste 30 kilomètres à faire. Nous traversons plusieurs villages où nous trouvons des processions de toutes sortes : des statues ou des emblèmes divers sont portés sur d'immenses échafaudages sur lesquels des hommes et des enfants sonnent des cloches, jouent du tambour et autres instruments. Ces échafaudages sont portés à bras par une quarantaine d'hommes, ou poussés sur des roues. Des oriflammes bleus décorés d'inscriptions pendent à toutes les maisons ou s'agitent au bout d'une perche, entre les mains de la marmaille. Les lanternes vénitiennes donnent, au tout, un cachet des plus pittoresques, mais les cris cadencés des manifestants ne brillent pas par l'harmonie.

Enfin, après quelques arrêts à des maisons de thé, nous arrivons à Yokohama à dix heures du soir, quelque peu fatigués.

Le dimanche 28 août, je me lève un peu tard et j'arrive à neuf heures et demie à l'église française. Les sœurs y conduisaient leurs nombreuses élèves. J'ai vu avec plaisir plusieurs novices japonaises. Les chants, les orgues et les cérémonies sont plus douces à l'âme dans un pays lointain ; elles rappellent la patrie. J'ai visité sur la colline l'établissement des Sœurs de la Congrégation de Saint-Maur. Elles ont leur maison mère à Paris, une maison à Toulon, et une autre à Monaco ; elles sont ici depuis neuf ans et le bien qu'elles ont pu faire est déjà fort sensible. Il était touchant de voir leur nombreuse famille composée de centaines de bébés.

Les prêtres des Missions étrangères de Paris ont des chrétientés, non seulement dans les sept ports ouverts, mais aussi dans plusieurs villes de l'intérieur, où ils séjournent avec permission du gouvernement, en qualité de maîtres d'école. En ce moment, ils arrivent à Tokio de tous les points de l'intérieur pour la retraite générale. Dans les ports ouverts, les résultats obtenus seraient plus grands, si les Européens ne les contrecarraient pas par leur conduite. Un trop grand nombre trouve commode d'adopter la vie japonaise en ce qu'elle a de plus libre.

Le lundi 29 août, sous un soleil de feu, j'ai visité plusieurs magasins japonais ; j'y ai vu de beaux travaux en laque, et de superbes dessins sur soie. Le Japonais est essentiellement artiste ; il excelle dans l'art de copier la nature, et il réussit merveilleusement dans la peinture des fleurs et des animaux ; les poteries et bronzes antiques montent à des prix fabuleux.

Dans l'après-midi, un bateau à vapeur m'a conduit, en deux heures, à Yokoska, sur un point de la baie où les Japonais ont établi leur arsenal. Je croyais y trouver des Français ou des Anglais pour diriger les travaux, je m'étais trompé : les Anglais ont donné leurs modèles, les Français leurs chefs d'atelier ; mais, en ce moment, il ne reste plus un seul Européen dans l'arsenal. Les machines à vapeur y fonctionnent pour façonner le fer, scier le bois et tordre les câbles ; le tout sous la direction d'ingénieurs indigènes. Je visite le premier navire destiné et construit par eux ; c'est un aviso portant quatre canons et quatre-vingt-dix hommes d'équipage ; il n'est pas mal réussi. En ce moment, deux frégates en bois sont sur le chantier ; et on creuse un nouveau bassin de radoub. Un jeune employé, qui comprenait un peu l'anglais, m'a conduit partout. Les prisonniers condamnés aux travaux forcés, la veste rouge et la chaîne aux pieds, font une partie des travaux. En ce moment, la marine japonaise compte dix-sept navires de guerre.

Rentré à Yokohama, j'ai fait ma visite au consul de France, qui est fort aimable, au consul d'Italie, qui est aussi charmant que sa femme, et j'ai passé la soirée à causer avec M. Cotteau, membre de la Société de Géographie de Paris, qui vient d'arriver ici, après avoir traversé la Sibérie. Son voyage a été de trois mois en voiture et sur eau, avec un genre de vie des plus primitifs.

J'ai fait mes paquets, accablé de sommeil, et, à trois heures du matin, le mardi 30 août, seul, je montais en *djinrikisha* pour Ashinoyou, à soixante-dix kilomètres de Yokohama, dans les montagnes.

Mes deux hommes portaient la lanterne de papier, et malgré mon sommeil, je tenais mes yeux grands ouverts, pour voir si la route était libre. Enfin, à cinq heures il fit jour. Nous parcourons le Tokaïdo, grande et vieille route qui unit les deux capitales du Japon : Tokio, jadis Yedo, capitale moderne, et Kioto, l'ancienne capitale. Cette route est presque constamment bordée de maisons. À sept heures, nous arrivons dans une ville où mes porteurs me cèdent à d'autres, pour retourner à Yokohama. À une heure, nous sommes à Odawara, chef-lieu de district ; à deux heures, à Tonosawa, point extrême pour le *djinrikisha*. Là, je monte en *kago*, et, gravissant les montagnes par des chemins comme ceux du lac de Gaube, à Cauterets, mes trois hommes me portent en sursaut, changeant d'épaule à chaque minute. Le paysage est ravissant : au fond de la vallée, un torrent grand comme la Vésubie, dans nos Alpes ; sur la colline, la riante verdure des Pyrénées. À quatre heures, nous voici arrivés à Myanoshita. Là, un vaste hôtel à l'européenne, tenu par un Japonais, abrite de nombreux Européens ; ils appartiennent à toutes les nations, et fuient les chaleurs de la plaine. J'y prends un bain d'une eau minérale salée, et je remonte dans une autre *kago*, qui continue à gravir les montagnes, pour me déposer à six heures à Ashinoyou, d'où j'écris cette lettre.

Je trouve là un hôtel japonais. Le premier Anglais que je rencontre est vêtu de flanelle blanche : c'est tout ce qu'on lui a laissé de ses vêtements. La nuit précédente, des voleurs se sont introduits dans sa chambre et lui ont enlevé son sac et tous ses habits. L'opération est facile et peu dangereuse, les parois de la chambre étant de simples coulisses que le petit doigt fait mouvoir. Une lampe japonaise brûle, la nuit, dans chaque chambre ; c'est un petit morceau de coton dans une soucoupe d'huile posée dans une espèce de cage de bois recouverte de papier. La paroi extérieure de la chambre est en papier blanc qui laisse passer le jour et sert de fenêtre ; le voleur humecte avec son doigt le papier et y fait un trou par lequel il voit, à l'intérieur, si le voyageur dort profondément ; il pousse doucement la coulisse, enlève ce qu'il veut, et se retire en paix. N'aimant pas ces aventures, je fais dire à la maîtresse de maison que je la rends responsable de tout vol. Elle m'invite à déposer chez elle ma monnaie et mes objets de prix, je préfère les mettre sous mon oreiller. Je cloue toutes les coulisses, je pose mon lit au milieu de la chambre et l'entoure de chaises renversées, de couvertures, de toutes mes bouteilles vides ou pleines, de tout ce que je trouve dans mon sac, et j'éteins ma lampe. Mon sac est mon oreiller ; le voleur ne pourra arriver jusqu'à moi sans culbuter quelque chose et m'éveiller ; j'ai pour défense un bâton noueux que je tiens dans mon lit. Je me crois ainsi sauvé et commence à goûter le sommeil après une journée si fatigante, lorsqu'un bruit affreux se prolonge au-dessus de ma tête ; je crois que les voleurs vont descendre par le plafond ; j'écoute, et je comprends que c'est une bataille de rats. Le lendemain, on m'explique que la belette ou martre vient au-dessous des toitures de chaume chercher sa nourriture et saigner les gros rats.

Je m'étais de nouveau endormi, lorsque cette fois c'est le plancher qui se soulève et qui danse : je crois que les voleurs vont monter par dessous ; j'écoute, et je comprends à la seconde secousse que c'est simplement un tremblement de terre. Ils sont si fréquents ici qu'on n'y regarde pas. Enfin, je crois que tout est fini, erreur : une heure après, une ombre, à travers le papier des parois, laisse voir un homme qui court, une lanterne d'une main et un sabre de l'autre. Nouveau mystère que je ne m'explique qu'en voyant le fait se répéter à chaque heure, pendant toute la nuit : la maîtresse de maison, effrayée par mes menaces, a mis un veilleur qui fait la ronde.

Le lendemain matin, je me lève, les os brisés par la dure couche, et je me tâte pour voir s'ils pourront encore me porter. Je vais au bain. Des hommes, des femmes, des filles, des enfants y pataugent à plaisir. Je demande un bain particulier ; on me place dans une caisse carrée en bois que je fais vider et laver. L'eau est fortement sulfureuse, du genre de celle d'Enghien, mais chaude à 45° degrés. Après un quart d'heure je suis bouilli.

À dix heures, M. Martin Lanciares, secrétaire du ministre d'Italie, et actuellement, faisant fonction de ministre, mon ancien et bon condisciple, arrive d'Akoné avec le ministre de Russie, et je leur raconte mes aventures. Ils se rendent à Miyanoshita et m'invitent à aller dîner le lendemain avec eux à Akoné.

Le jour suivant, à travers une montagne riante, le long d'un sentier bordé d'hortensias, de bambous et de camélias, j'arrive à un petit village situé à 900 mètres d'altitude, sur le bord d'un lac gracieux. Après une causerie avec le secrétaire de la légation russe, nous nous rendons chez M. de Struve, ministre de Russie, installé avec sa fille dans une maison japonaise. Madame de Struve me fait un excellent accueil. Ses quatre petits enfants sont charmants. Un bon cuisinier français nous sert un déjeuner succulent, et une machine venue de Paris nous donne de la bonne glace. Elle agit au moyen de l'ammoniac, qui sert dans la machine depuis deux ans. Après le déjeuner, on passe au petit salon qui donne sur le lac. Un nuage s'efface au loin, et le Fusiyamà montre sa tête majestueuse, presque aussi haute que le Mont-blanc (4 000 mètres) ; c'est le plus grand parmi les volcans japonais. La scène est grandiose, mais madame préfère l'Europe et soupire après le retour.

Le bon M. Lanciares me conduit en barque sur la rive opposée. La navigation nous prend trois heures, et à un certain point, les vagues menacent de barrer le passage. De l'autre côté du lac, nous trouvons des bains d'une eau minérale fortement salée. Elle provient d'une solfatare à quelque distance. Nous voudrions la visiter, mais le soleil baisse. Au retour, nous saluons M. le chargé d'affaires d'Angleterre qui, lui aussi, est venu chercher pour sa famille la fraîcheur dans ces montagnes, puis je reprends la route d'Ashinoyou. Je chemine extasié devant les beautés de la nature, lorsqu'un beau petit lapin vient à moi ; je me baisse pour le prendre, il s'effraie et rebrousse chemin ; je l'entends crier : une martre l'avait saisi et saigné. J'essaie de tuer le meurtrier qui s'enfuit, et j'emporte mon lapin qui fera mon dîner de demain. Le soir, les chants, la musique, les danses des Japonais m'ont empêché de dormir la moitié de la nuit. La journée d'hier a été employée à écrire ces notes et à soigner un capitaine anglais. Je lui ai défendu les bains trop irritants pour ses nerfs, et l'ai soulagé avec les remèdes Mattei.

Samedi 3 septembre 1881.

Mon dernier journal me laisse à Ashinoyou. Je prends mon dernier bain avec regret, car j'en éprouvais du bien, et à trois heures, M. Lanciares arrive dans son *kago* et nous voilà en route.

En redescendant la pente de la montagne, la vue dont on jouit sur la mer est merveilleuse. Nous faisons halte un instant à Miyanoshita où j'achète des photographies et divers objets en bois confectionnés dans le pays, et à huit heures, nous arrivons à Odawara. Là, le domestique de Lanciares nous avait précédés, et le dîner était servi à l'*uciaja*. La chaleur était accablante, mais, selon l'usage du pays, des jeunes filles nous promènent l'éventail sur la figure. La femme du consul russe était là, pour elle pas d'éventail : les femmes ici ne comptent pas. Après le déjeuner, nous montons dans une voiture du pays, espèce de char-à-bancs incommode traîné par deux chevaux galeux. Après quelques kilomètres, un des chevaux s'abat ; on le relève, il s'abat encore ; alors, après quelques essais infructueux, on le force à se relever en lui bouchant fortement le nez ; l'effort fait pour respirer le remet sur pied. On le change à la première station, et après une nuit de cahotement en tous sens, ce qui ne m'empêche pas de dormir, nous arrivons à six heures et demie à Kanagawa, près Yokohama. Là, après une demi-heure d'attente, nous prenons le chemin de fer qui, à huit heures, nous dépose à Tokio, où les *djinrikhisa* du ministre nous conduisent à la légation d'Italie.

Je me rends à la légation pour déjeuner, et, après un peu de repos, nous rendons visite à M. Roquette, ministre de France. Il est en location dans un coin reculé de la ville, difficile à trouver. Les Russes, les Anglais, les Italiens ont construit pour leurs ministres de beaux palais.

Nous parcourons la ville en voiture. Tokio (Yedo), maintenant capitale de l'empire du Japon, compte plus de 900 000 habitants. C'était le siège du Shiogoon ou Taïkoun. Son palais était entouré de 7 lignes de murailles avec fossés. Ceux-ci sont remplis d'eau sur laquelle surnagent de belles fleurs de lotus rouges et blanches. C'est la fleur sacrée au Japon : car Bouddha est né sur l'une d'elles. Maintenant ces murs sont à moitié abattus ; il ne reste plus que cinq enceintes, et le palais du Taïkoun a été brûlé. On voit encore les jardins qui sont fort jolis, des forêts de grands bambous, des arbres gigantesques, des ruisseaux, des lacs, le tout fort accidenté et disposé avec art. Ils se développent sur un point culminant qui domine la ville. Le Mikado va y construire un palais pour lui, mais les ingénieurs sont en désaccord pour savoir s'il doit être en style européen ou japonais. Il paraît qu'on arrivera à une transaction ; la partie réservée au Mikado sera japonaise ; celle destinée à la réception des étrangers sera européenne.

La ville est sillonnée dans la partie basse par plusieurs canaux ; les maisons, comme partout, sont en bois et papier avec un rez-de-chaussée ou un étage au plus. Les incendies en brûlent une partie tous les ans, et on en profite pour tracer des rues larges et droites. On a même construit un boulevard large de trente mètres, avec deux trottoirs de sept mètres plantés de saules pleureurs. Les maisons de bois y sont remplacées par des maisons de briques à un étage et par des *gadowns*. Quelques magasins renferment des objets curieux du pays, tels que porcelaines, laque, soie et dessins. Un immense bazar, installé sur le modèle des grands magasins de Paris, renferme dans de grandes baraques toutes sortes d'objets à prix fixe marqués en lettres japonaises. Les Européens ne peuvent s'établir que sur le terrain de la concession, spécialement réservé pour eux ; là, sont quelques marchands avec des maisons à l'européenne, les missionnaires français, les sœurs de Saint-Maur et la mission protestante américaine. J'étais venu de San-Francisco avec la dame missionnaire qui devait en prendre la direction. Son beau-frère, qui a fait le dictionnaire japonais, est en Europe et doit passer l'hiver à Nice. J'ai voulu rendre visite à la dame missionnaire ; elle a sous sa direction un internat et divers externats en plusieurs quartiers ; elle se plaint de ce que les Japonaises viennent nombreuses pour apprendre la langue anglaise, mais elles ne veulent que cela.

L'intérieur du pays est défendu aux étrangers ; ils sont obligés, s'ils veulent aller quelque part, de se munir d'un passeport spécial sous la responsabilité des légations, pour les seules raisons d'étude ou de santé.

CHAPITRE III

Excursion à Nikko – Industrie – Agriculture – Produits – Le lac Tchiuchiengy – Retour à Tokio

Le lundi 5 *septembre*, à midi, mon passeport était prêt, et à trois heures, accompagné par monsieur Motono, interprète français de la *Boyeki-Shokwai* (compagnie commerciale), nous partons pour Nikko. Nos *djinrikisha* doivent faire en deux jours les trente-six lieues. La première nuit, nous couchons à Sojo dans un *uciaja* ; (c'est le nom de l'auberge japonaise). On me donne un habit du pays, espèce de robe de chambre à larges manches, tenue au corps par une ceinture. Je prends le bain, toujours préparé dans les hôtels, et avec mes conserves, nous faisons notre cuisine.

Les Japonais sont artistes et poètes. Pas de maison sans dessins et poésies. Ils sont forts aussi pour les sentences, et les placardent sur tous les murs. Je demande l'explication de celle qui est devant moi, on la traduit ainsi : « *À l'homme de cœur, tout est possible.* » Les dessins sont le lac ou la forêt, ou la rivière ou la montagne voisine, avec quelques vers à côté qui en font ressortir les beautés, et parfois aussi quelque bon mot ; souvent des boules en verre, de couleurs diverses, pendent au-devant de la maison ; un bâtonnet suivi d'une bande de papier est suspendu au centre, le vent l'agite, et en fait autant de sonnettes.

Un petit gamin nous sert ; il paraît tout, étonné : c'est peut-être la première fois qu'il voit un Européen ; il est ébahi devant nos habits, nos fourchettes, nos couteaux et nos serviettes ; il nous regarde manger avec curiosité. Nous le questionnons sur l'autel qu'il a dressé et devant lequel il tient des fleurs, allume des chandelles et brûle des bâtonnets d'encens. C'est l'autel du *Renard blanc*, dieu pour lequel les Japonais professent une crainte respectueuse. Après le souper, on suspend un moustiquaire grossier, on étend par terre une couverture ouatée ; et, la tête appuyée sur un mignon tabouret de bois, surmonté d'un bourrelet (coussin japonais), nous prenons notre repos.

Mais le lendemain, 6 *septembre*, nous avons vingt-quatre lieues à faire, et à trois heures, nous sommes sur pied. Les villages se succèdent à de courts intervalles, souvent même la route n'est qu'une longue rue. Partout le travail sous toutes ses formes : les hommes pilent le riz pour le blanchir ; les femmes filent la soie, le coton, et font la toile. La soie est filée par un système primitif ; la fileuse met dans un baquet d'eau chaude cinq ou six cocons, tient les fils sur le bout de son index de la main gauche, et avec la main droite tourne la roue qui reçoit le fil.

Le coton est d'abord battu par terre, par un homme, au moyen d'une corde de violoncelle tendue comme sur une harpe, c'est le cardage ; puis, on le dispose en petits fuseaux que la femme file adroitement, en tournant une roue comme pour la soie. Avec ce fil, on fait la toile sur de petits métiers, comme dans nos villages. C'est une toile assez grossière, mais solide. Les teinturiers, au moyen de gros chaudrons, la teignent au bleu d'indigo, laissant divers dessins en blanc, et parfois les armoiries de la famille à laquelle l'étoffe est destinée.

Ailleurs, on fait une cire végétale dans laquelle on passe, plusieurs fois, un cordon de coton ou de papier pour faire les chandelles japonaises.

Ici, on fabrique les souliers de paille pour les hommes et pour les chevaux ; ils se vendent deux sous la paire ; là, ces semelles de bois que les Japonais tiennent aux pieds, moyennant deux cordons dont le point de jonction est à l'orteil ; plus loin, on fait les paniers de bambous, les pipes les pardessus de paille, les larges capelines, les ombrelles et parapluies de papier, les pinceaux à écrire, les éventails ; enfin, partout on travaille : la paresse n'est pas en honneur au Japon.

Dans la campagne, on coupe le riz et on en suspend les gerbes pour les faire sécher ; après, on les bat avec un fléau semblable aux nôtres. La campagne est partout parfaitement cultivée ; le riz occupe la plus grande place ; il entoure toutes les villes et tous les villages et ne donne pas ici les fièvres aux habitants, comme en Lombardie. À Verceil, à Pavie, on le sème comme le blé, et à plusieurs reprises on doit extirper les mauvaises herbes ; en remuant ainsi le terrain détrempé, on produit les miasmes ; ici, on le sème en pépinière, puis on le transplante en rangées régulières par petits paquets sur une terre bien engraissée et bien préparée, et on ne passe qu'une seule fois pour sarcler. On a une qualité de riz qui vient au sec, sur les montagnes, avec la seule eau de la pluie, qui tombe ici assez fréquemment. Les Milanais l'ont importé chez eux, mais il n'a pas réussi. Aussitôt que le riz est récolté, on sème, en octobre, le blé sur le même terrain, et on a ainsi deux récoltes par an.

Le prix du terrain à bâtir, à Tokio, est de trente à quarante francs le mètre carré. À la campagne, le bon terrain à riz se vend environ 800 francs le *tam*, qui est de 1200 mètres carrés ; chaque *tam* donne en moyenne trois *cocous* de riz. Le *cocou* est d'environ 200 litres et se vend de 40 à 50 francs, soit de quatre à cinq sous le litre ou le kilogramme. Pourtant le 1/3 de la récolte, soit un *cocou* par *tam* est dû pour la contribution foncière. On la payait anciennement en nature, maintenant on la paie en papier-monnaie, et comme celui-ci perd en ce moment 75 0/0, le gouvernement voudrait revenir au système des impôts en nature. Avant 1868, l'empereur était seul propriétaire du terrain ; il était censé le concéder aux *daïmios* (seigneurs) moyennant certaines redevances. Ceux-ci percevaient en nature, du cultivateur, un *cocou* par *tam*. Après la révolution de 1868, les *daïmios* ont été indemnisés, et les paysans sont devenus propriétaires de leurs terrains. Ils les cultivent mieux et s'enrichissent. On plante aussi beaucoup de thé : c'est un petit buisson dont on détache les jeunes feuilles au printemps ; on les lave, on les roule, on les sèche, mais les Européens les brûlent encore dans des chaudrons à sec. Cette opération se fait en grand à Yokohama et à Kobé par des milliers de femmes. En été, par 40° degrés de chaleur, j'ai vu leur sueur couler abondamment dans les chaudrons, dans lesquels elles tournent rapidement les feuilles avec la main, au chant d'un refrain monotone. Si les *ladies* savaient ce détail, elles pourraient prendre leur thé avec moins de goût.

On plante encore assez de coton : c'est une petite plante, haute d'environ cinquante centimètres, produisant une fleur jaune, forme campanule. En ce moment, les flocons de coton blanc sortent du fruit qui succède à la fleur.

On trouve partout de grandes plantations de *shoio*, plante qui ressemble à celle de nos haricots courts, mais dont on emploie seulement la racine pour faire le *shoio*, sauce japonaise qui entre dans presque tous leurs mets.

Comme légumes, on a le haricot, l'aubergine, la patate douce de diverses espèces, plusieurs sortes de raves et des racines que je n'ai jamais vues ailleurs.

Comme fruits : la grenade, une variété de poires rondes, la prune, la pêche, le raisin, l'*ouri*, petit melon blanc, le melon d'eau, le *kaki*, fruit jaune, et la nèfle jaune. Mais tous ces fruits sont petits, mesquins, sans saveur ; en général, on les cueille verts, ce qui ne contribue pas peu à favoriser le choléra et la typhoïde qui sévissent tous les ans.

Les conducteurs de nos *djinrikisha* font deux lieues à l'heure. Ils sont nus, avec une grande capeline sur la tête, et ruissèlent de sueur. Lorsqu'ils rencontrent un puits, ils s'y abreuvent et continuent à courir. Environ chaque deux heures, ils s'arrêtent quelques minutes à un *uciaja* pour respirer, et à chaque quatre heures, ils prennent le riz et quelques légumes. C'est une vie bien dure, et pourtant ils sont contents. Leur petite voiture a été dessinée ici par un étranger, il y a dix ans ; et maintenant, il y en a quatre cent mille dans le Japon. Mais l'homme n'est pas né pour faire le cheval ; les conducteurs de *djinrikisha* succombent presque tous de la poitrine à la fleur de l'âge. Leur tarif est ordinairement de dix sous par heure.

Partout où l'on s'arrête, on nous apporte la petite caisse qui contient le feu et le crachoir pour la pipe ; puis, une tasse de thé microscopique, et pour le tout, on donne un sou. Dans tous les villages, les enfants courent après nous ; ils ont tous un bébé attaché sur le dos, ils nous regardent et rient ; si je m'approche, ils s'éloignent et reviennent ensuite. Les femmes, avec leurs longues mamelles pendantes, arrêtent leur travail pour nous regarder ; nous disons à tous : *okaïo saïanard,* ce qui veut dire : bonjour. Ils répondent avec beaucoup de politesse, et parfois se prosternent jusqu'à terre.

Nous remarquons encore des plantations de maïs ; ici, comme chez nous, dans le midi de la France, on mange les épis qu'on fait rôtir. Je vois aussi du blé noir et du millet. Dans les courants d'eau, des roues hydrauliques font mouvoir des pilons qui blanchissent le riz. Le bambou occupe une grande place ; sur les montagnes, il croît sauvage comme de petits roseaux ; liés en faisceaux, ils servent de torches pour la nuit. Il y a la qualité de grosseur moyenne que nous avons dans nos jardins, et la grosse espèce qui atteint dix mètres de hauteur, et une épaisseur ordinaire de six à dix centimètres de diamètre ; j'en ai vu même de vingt centimètres. Le bambou sert à tout ; on en fait des paniers, des boîtes, des gouttières, des maisons, surtout dans les campagnes. On forme de grandes cages grillées ; on colle entre le grillage de bambou un mortier formé de terre et de paille de riz, et la maison est faite. Les pousses de bambou, grosse espèce, font un bon plat qui rappelle le goût des champignons. Le bambou sert aussi à façonner toute espèce d'instruments de travail.

En fait de bétail, les Japonais n'ont que quelques chevaux et bœufs qui servent aux charrois. Le bœuf est bâté comme le cheval et conduit par un anneau de fer ou de corde passé dans les naseaux. On a essayé l'élevage du mouton, mais sans succès. Il paraît que l'herbe trop dure coupe les boyaux de la bête, et pourtant le Japon est couvert de montagnes dont les pâturages se trouvent ainsi perdus ; à peine le sixième du sol est en culture. À part quelques ours, le Japon ne connaît pas de fauves.

Enfin la nuit arrive, et nous couchons à Koganci, dans les mêmes conditions que la nuit précédente. Mon compagnon se fait servir un souper japonais, composé de riz enveloppé dans une algue marine, sorte de lichen, de poissons séchés au soleil et de quelques légumes ; il prend tout avec ses bâtonnets, mais le liquide est absorbé dans l'écuelle de bois laqué, et les objets que les bâtonnets ne peuvent saisir, sont poussés par eux de l'écuelle à la bouche.

Le 7 septembre, on se lève à deux heures ; on marche grand train sous une allée bordée de pins séculaires, et on déjeune à Utsunomiya. De là, nous passons dans une autre allée qui va vers les montagnes, et nous la parcourons trois heures durant. Il n'y a pas de parc au monde qui ait une allée pareille ; elle est tortueuse et bordée de cryptomerias (espèce de sapins) gigantesques qui lancent leurs cimes aux cieux et entrecroisent leurs branches pour former un dôme de verdure grandiose.

Enfin à midi, nous arrivons à Nikko, tout détrempés par la pluie. Nos hommes étaient épuisés et nous aussi. Nous dînons et visitons les temples, le parapluie à la main. Ce sont les tombeaux des Tycoons de la dynastie de Toku-gawa. Ils sont placés dans une magnifique forêt de cryptomerias. Toku-gawa est un héros pour les Japonais qui l'appellent leur Napoléon Ier. Il vécut au temps de Louis XIV. Sorti du peuple, il sut s'élever et accaparer le pouvoir. C'est lui qui bannit le christianisme du Japon et fit des milliers de martyrs. Sa dynastie s'est perpétuée jusqu'à nos jours. Le dernier Tycoon qui vit encore, quoique démissionnaire, à la suite des évènements, est de cette famille.

À Nikko se trouve le tombeau du fondateur de cette dynastie et de son troisième successeur. Celui du second est à Tokio. Ces tombeaux sont à côté de temples en bois richement sculptés, peints et dorés dans le style ordinaire du Japon. Un d'eux appartient au rite bouddhique, l'autre au rite shintoïste. Ils renferment de riches dons, tels que lampes, vases, chandeliers, offerts par divers souverains. Les temples japonais sont toujours précédés d'une porte plus ou moins ornée ; celle qui précède ici un des temples est si compliquée de sculptures qu'on l'appelle la porte *du crépuscule*, parce qu'on dit qu'avant d'en avoir examiné tous les détails, la nuit arrive. La porte elle-même est une seule planche de bois de deux mètres de large, laquée d'un beau noir. Une compagnie de soldats visite aussi les temples ; ce sont des convalescents de l'hôpital militaire établi à Nikko. Des pèlerins arrivent de toutes parts, le bâton à la main ; ce bâton est long comme ceux des touristes de la Suisse, garni à son extrémité d'anneaux qui font clochettes. Ils s'approchent d'un temple, et l'un d'eux tire trois fois le cordon qui frappe sur une espèce de disque pour attirer l'attention du Dieu ; ils font une courte prière, et le groupe part vers l'autre temple. Les pèlerinages sont dans les mœurs japonaises ; il y a des pèlerins qui font imprimer une prière à mille exemplaires, et ne sont contents que lorsqu'ils ont épuisé le paquet en collant un exemplaire à mille temples différents.

L'homme a cru faire de belles choses dans les temples de Nikko, mais la nature en a fait d'incomparablement plus belles dans la forêt qui les couvre.

Les bonzes vendent des prières et des images : telles prières préservent de la maladie, telles autres de divers malheurs. J'ai voulu voir un des principaux bonzes ; il est secrétaire de l'association qui s'est formée à Tokio, pour la conservation de ces monuments. En ma qualité de membre d'une société historique, je pouvais arriver jusqu'à lui. Il était couché (j'allais dire dans son lit, mais il n'y a pas de lit ici) ; il se lève ; il arrive avec sa tête rasée et enveloppé dans de beaux habits sacerdotaux ; il nous offre le feu, le tabac et le thé, puis nous causons sur les monuments de Nikko. Je lui demande si les bonzes de sa caste se marient ; je savais que les Shintoïstes sont mariés. Il est Bouddhiste ; il me répond que le bonze ne se marie pas. Je lui demande si les prêtres de sa caste peuvent manger de la viande ; il me répond négativement : « Nous n'aimerions pas être tués, ajoute-t-il ; ainsi nous ne devons pas ôter la vie aux animaux ; » je réplique que, en effet, il en était ainsi avant le déluge ; mais, après le déluge, la terre dégradée par les eaux n'a pu conserver aux hommes la même longévité ; c'est pourquoi, Dieu, pour le fortifier, lui a permis de manger la chair des animaux et a conduit Noé à inventer le vin. L'excellent homme montra de l'étonnement, il ne connaissait pas cela. Notre conversation aurait duré longtemps, mais je m'endormais de fatigue ; nous gagnâmes donc *l'uciaja* pour souper et dormir.

Le lendemain, 8 *septembre*, nous comptions partir à quatre heures du matin, en *kago*, pour une excursion dans les montagnes, mais il plut toute la nuit, et à huit heures, nous dormions au son de l'eau tombante. À neuf heures, la pluie cesse, nous déjeunons et partons pour le lac Chinzenji, à trois lieues sur les monts. La nature est magnifique, les torrents grossis sont impétueux, on se croirait sur le gave de Cauterets. Mes porteurs ont demandé à être quatre, se relevant fréquemment ; il y a des montées de quarante degrés. En route, nous admirons les belles cascades de Hôdô et de Hanna, et vers quatre heures, nous arrivons au lac. Un brouillard en couvrait la beauté. Nous montons en barque, et au milieu du lac, je pique une tête ; après quelques brassées, je remonte sur la barque, mais à ce moment, un déluge arrive et inonde mes vêtements ; je les remets tout trempés, et nous gagnons la rive pour les changer contre un vêtement japonais. Un peu après, le brouillard se dissipe et laisse voir une belle nappe d'eau, large d'une lieue, longue de trois, découpée en contours gracieux, entourée de collines boisées : *beautiful-scenery*, aurait dit un Anglais. Nous l'admirons longtemps, pendant qu'on nous prépare le souper, puis après le repas, repos bien goûté.

Le lendemain, nous renonçons à la course aux bains sulfureux d'Yumoto ; je tiens à rentrer le samedi soir. Nous longeons les baraques qui servent aux pèlerins à l'occasion d'une fête à un temple voisin, et, redescendant la montagne, nous, arrivons à la cascade de Ké-gou. Pour jouir de la perspective, nous descendons, sur les flancs d'un précipice, des escaliers rapides ; si le pied glisse, on nous repêchera cinq cent mètres plus bas, dans le torrent.

Revenus à Nikko, monsieur A… marchand de soie de Turin, qui est venu chercher ici la fraîcheur, nous fait préparer, par son cuisinier, un bon déjeuner piémontais : truites, *risotto* à la milanaise, *butirro* de Milan, et vin de Bordeaux. Ainsi réconfortés, nous reprenons nos *djinrikisha* et venons coucher à Utsunomiya. Notre *uciaja* est assez vaste ; un étage sur rez-de-chaussée, et une cour centrale qu'entourent les galeries des chambres ; selon l'habitude, je me rends au bain : il était occupé par des hommes et des femmes, et je demande un bain séparé : après un quart d'heure on vient me dire qu'il est prêt, on l'avait placé au milieu de la cour : j'eus de la peine à obtenir qu'on le transportât à un autre lieu, hors la vue du public : cette population simple et naïve ne peut comprendre nos règles de convenance.

Samedi 10 septembre.

Nous n'avons qu'un jour pour parcourir les trente lieues qui nous séparent de Tokio : impossible à nos hommes de les faire en si peu de temps ; nous prenons un omnibus japonais. Mon interprète avait trouvé en route son oncle et une famille de ses amis. Nous prenons pour nous toute la voiture ; les chevaux rogneux sont changés chaque heure, et nous pourrons arriver.

À six heures, notre voiture se met en route. Comme toutes les voitures au Japon, elle a son *betto :* un homme qui court devant les chevaux pour faire garer les gens. J'avais voulu prendre place sur le siège, à côté du cocher, pour être plus libre et pouvoir mieux jouir de la vue ; mais, c'est la place du *betto* qui s'y repose un instant quand il est fatigué. Je l'ignorais ; il vient pour se placer à côté de moi, je le renvoie. Sans se plaindre, il va humblement se placer debout sur le marchepied de derrière. Malgré son sale vêtement, il avait l'air distingué d'un gentilhomme ; j'eus compassion de lui et je l'invite à venir prendre sa place ordinaire. Il vint en effet, mais auparavant il revêt un bel habit neuf et reprend le sale lorsqu'il descend pour courir. Il y a souvent, dans les enfants du peuple, une délicatesse qu'on ne trouve pas toujours chez les grands personnages.

En *djinrikisha*, le voyageur est seul, il ne peut parler avec le voisin, mais en omnibus, on peut converser. Un de nos compagnons de voyage a été attaché à l'ambassade japonaise à Londres. Il parle l'anglais, et Motono le français. Je peux savoir par eux quelque chose des usages de ces populations. À la naissance, les Japonais réunissent les parents, et le troisième jour, ils donnent le nom à l'enfant. Pour la naissance, comme pour le mariage, c'est le père ou le plus autorisé des parents qui fait fonction de prêtre. Quant au mariage, d'ordinaire les futurs ne se connaissent pas : ils n'ont qu'une entrevue. À la cérémonie n'assistent que les parents des deux familles ; les amis sont reçus le lendemain ; la mariée se noircit les dents. Le lien matrimonial, ici, est bien fragile. À la mort, le bonze, de par la loi et la religion, doit présider les funérailles. Le cadavre est ordinairement brûlé au cimetière, et les parents recueillent les os carbonisés. Les classes élevées pratiquent la sépulture. Cette intervention des bonzes crée des difficultés aux chrétiens ; l'autorité centrale est tolérante ; mais, à l'intérieur, les magistrats le sont moins, et font quelquefois déterrer les cadavres, ensevelis chrétiennement, pour les enterrer avec la présence des bonzes. Les anciennes lois de proscription contre les chrétiens existent toujours, et les traités avec les nations européennes sont muets sur ce point. Dans un village, j'ai eu occasion d'assister à un enterrement. Le bonze, la tête rasée et vêtu d'habits sacerdotaux assez semblables à ceux de nos prêtres, précédait le convoi ; les parents, en signe de deuil, étaient vêtus de blanc ; on portait des fleurs, des chandelles, des lanternes, des lampes ; puis, venait le mort, enfermé dans une caisse et porté par quatre hommes suivis des amis. Je suis le convoi jusqu'au cimetière ; là, on pose le cadavre sur un banc de pierre, et les ustensiles sacrés sur un autel également de pierre. Le bonze, après plusieurs prières, s'approche du mort et lui offre une écuelle de riz cuit, des bonbons et du thé en feuilles. Il ajoute des prières en forme de lamentation, passe la main en sens divers sur le cercueil : le tout à peu près comme chez nous quand on bénit ; puis, il prend place dans son fauteuil. Il sonne de temps en temps une clochette, continue ses prières un quart d'heure, salue et s'en va. Alors, on pose le cercueil sur quatre branches de pin fraîches, étendues sur un fossé ; on l'entoure de branches sèches, on pose dessous de la broussaille et des paquets de bambou : un quart d'heure après, la caisse est brûlée, le cadavre est en flamme et les os craquent ; les parents se retirent en emportant quelques morceaux d'os carbonisés. Si, dans toutes les retraites, on pouvait offrir pareil spectacle, la méditation sur la mort serait plus facile !

La famille est basée sur l'autorité paternelle la plus absolue ; le père est obéi, même quand il commande contre nature ; il a liberté de tester, mais il en use rarement ; le droit d'aînesse existe de fait dans sa plénitude ; pas de dot pour les filles ; mais l'aîné assiste les parents malheureux. Les enfants sont nombreux et bien traités. On a dit que les Japonais considèrent leurs deux premiers enfants comme chargés de porter les autres ; en effet, on voit tous les bébés avec un autre bébé sur le dos, jouer à toutes sortes de jeux. L'adoption est pratiquée sur une vaste échelle ; on adopte avec toute facilité ; lorsque l'aîné est une fille, le beau-fils est adopté et a le droit d'aînesse.

Les ouvriers ne sont pas beaucoup rétribués ; un garçon de ferme est nourri et reçoit quinze à vingt francs par mois ; à la ville, il gagne de trente à quarante sous par jour ; la femme un tiers en moins.

Avant 1873, les Japonais avaient l'année lunaire comme les Chinois ; depuis, ils ont adopté le calendrier Grégorien. Ils ne connaissent pas les jours de notre semaine, ni la division de nos heures, mais ils l'apprennent peu à peu. Avant, ils se reposaient un jour sur six ; maintenant, ils se reposent le dimanche. Leurs fêtes chômées sont assez nombreuses et durent quelquefois plusieurs jours. Elles ont pour objet la mémoire de quelque grand empereur ou impératrice. Les Japonais aiment les fêtes, les danses et les plaisirs. À Tokio, presque chaque jour, un quartier a la fête de son temple. Il y a deux ères pour les Japonais : l'ère de la dynastie qui remonte à 2 700 ans, et l'ère de quelque évènement marquant ; ainsi, en ce moment, ils datent leur ère de la révolution de 1868 et comptent l'an treize.

Mais, tout en causant, nous sommes arrivés à la rivière de Kanagawa (gawa signifie rivière comme gave dans les Pyrénées). Nous la traversons en barque pour dîner dans un *uciaja* sur l'autre bord. Les Japonais, qui étaient dans ma voiture, sont dans la même chambre que moi. Je leur offre de mes provisions et ils ne peuvent comprendre que je commence toujours par les dames, mais celles-ci y sont fort sensibles, et l'une d'elles, femme d'un banquier, se le rappellera pour m'inviter chez elle à Tokio et m'offrir un thé avec danse et musique au Cercle des nobles. Enfin, à six heures du soir, par une forte pluie, la voiture nous dépose dans un quartier de Tokio, d'où j'ai une heure de *djinrikisha* pour gagner la Légation. Après le dîner, j'avais bien besoin de repos, mais je n'étais pas habitué aux veilleurs qui rôdent sans cesse autour de la maison en battant l'un contre l'autre deux morceaux de bois. On dit que ce bruit est destiné à effrayer les voleurs ; d'autres prétendent que c'est pour assurer le propriétaire que les veilleurs sont à leur poste ; pour cela, ils l'empêchent de dormir. Quant aux voleurs, ils vont du côté où le bruit ne se fait pas entendre, et parfois ils garrottent le veilleur et continuent à battre les deux morceaux de bois autour de la maison, pendant que les compères la dévalisent.

Le lendemain, *dimanche* 11 *septembre*, après la messe, les Pères me retiennent à dîner. Me trouvant à côté de monseigneur Ridel, évêque de Corée, j'en profite pour lui demander quelques détails sur sa mission. Le christianisme est interdit en Corée ; les étrangers en sont bannis. Les missionnaires n'y ont point de poste fixe ; déguisés en Coréens, ils visitent les chrétiens, et souvent, lorsqu'ils sont surpris, ils sont obligés de fuir ou de se cacher. L'évêque a été pris une fois, mis en prison et a risqué sa tête ; mais c'est un homme fort courageux, à trempe militaire. Les chrétiens étaient au nombre de vingt-cinq mille environ, mais la dernière persécution, qui vient de faire beaucoup de martyrs, en a fait apostasier à peu près le tiers.

Au Japon, monseigneur Osouf, vicaire apostolique pour la mission du Nord, a dix postes et environ trois mille chrétiens. Dans l'intérieur, les missionnaires parcourent le pays ou séjournent dans les villages, moyennant passeport, et comme professeurs de langue française. Les Sœurs de Saint-Maur sont à Tokio et Yokohama avec six cents enfants. Lorsque leurs élèves sont devenues grandes, si elles rentrent dans leurs familles, elles ont bien de la peine à obtenir de vivre chrétiennement.

CHAPITRE IV

Le papier japonais – Le papier-monnaie – Le typhon – L'armée

Ce matin, M. le ministre d'Italie, avec son amabilité habituelle, a voulu me montrer les merveilles du papier japonais. M. Tokouno, directeur de la fabrique d'Oji, appartenant à l'État, avait été prévenu et nous attendait. Nous traversons la ville de Tokio, parcourons la campagne sur une route bordée de plantations de thé, de coton, de plantes à laque, d'indigo et de divers légumes et pépinières. Au bout d'une heure, la voiture s'arrête à la porte d'un magnifique établissement : on se croirait dans l'usine d'Europe la mieux entendue et la plus perfectionnée. Autour d'une vaste cour se développent, au rez-de-chaussée, de grandes salles bien éclairées et bien aérées ; certaines parties ont un premier étage. Dans ces salles, quatre cents jeunes filles et cent ouvriers sont occupés à la fabrication du papier. Une machine à vapeur de la force de quarante chevaux donne le mouvement aux roues et aux cylindres ; partout l'ordre le plus parfait, le silence et l'application au travail. Autant que possible, séparation des sexes et surveillance multipliée, exercée par les anciens.

Nous suivons les diverses opérations. Ici est la matière première, l'écorce du *mitsu*, petit arbuste de la hauteur de trois mètres environ, dont les rameaux poussent par divisions et subdivisions de trois. Cette écorce est rendue malléable dans l'eau chaude ; puis, de jeunes ouvrières, avec une lame effilée, en retranchent tous les petits nœuds ; on la jette ensuite dans les réservoirs où les roues la broient, l'eau courante la lave ; et, entre les opérations, le triage des plus petites parcelles étrangères est fait soigneusement par des ouvrières attentives. Les fibres, réduites à l'état de suspension dans l'eau filtrée, arrivent enfin dans des bassins dans lesquels la jeune ouvrière plonge un tamis métallique et le relève, en égalisant par le mouvement la première couche qui s'y dépose ; elle plonge ainsi son tamis cinq ou six fois ou plus, selon le nombre de couches qu'elle veut avoir, et l'épaisseur qu'elle doit donner au papier. Le tamis est alors renversé sur une pièce de drap ou de coton, et l'on y dépose la feuille de papier ; une seconde feuille est préparée et déposée de la même manière jusqu'à ce que le paquet, devenu assez gros, est porté sous les pressoirs hydrauliques ou à main, qui feront sortir l'eau.

Les feuilles sont retirées, collées sur un bois et déposées dans des chambres chauffées à 50 degrés ; là, elles sèchent, puis on les décolle et le papier est prêt. Pour le ministère des finances, les feuilles sont plus fortes et portent certaines empreintes, comme nos papiers timbrés d'Europe. Les feuilles ordinaires, pour le commerce, sont assez fortes pour que, tenues suspendues par les quatre coins, un homme des plus lourds puisse s'y tenir debout, sans crainte de les voir briser. L'essai a été fait, avec *succès*, par monsieur Lanciares et par moi, et nous ne sommes pas des plus légers.

Dans un autre compartiment, les feuilles de papier sont réduites en cuir du Maroc ou de Russie ; des teintes les plus brillantes sont passées dessus et l'imbibent complètement ; puis, le vernis est superposé, et les feuilles, roulées en cylindre entre d'autres feuilles chagrinées, sont soumises à une pression latérale qui leur donne la forme du chagrin le plus parfait et aux grains les plus variés. Quelquefois, avant le chagrin, elles reçoivent des dessins d'oiseaux ou de fleurs aux couleurs les plus vives ; et, chagrinées ensuite, forment des nappes, des tapis, des couvre-pieds, des rideaux ravissants.

On a essayé, avec succès, de substituer des courroies de papier aux courroies de cuir ou de caoutchouc, pour la transmission du mouvement des machines à vapeur, et nous les avons vu fonctionner parfaitement.

À côté du papier japonais, on confectionne le papier à l'européenne, au moyen de la paille de riz. Dans un établissement, non loin du premier, la paille est hachée, mouillée, broyée par les roues, lavée et réduite en pâte, le tout au moyen d'un moteur hydraulique. La pâte, ainsi préparée et blanchie au chlore, est portée à l'usine où elle passe sous les cylindres et sort en rouleaux sans fin, d'une blancheur et d'une finesse incomparables. Le papier, au sortir du rouleau, est découpé en diverses grandeurs, glacé et disposé en rames pour le commerce.

À onze heures et demie, nous entrons dans le salon de réception, vaste et belle pièce dans laquelle monsieur le Directeur nous a préparé un somptueux déjeuner à l'européenne. Avec une grâce parfaite, il dispose les places selon l'étiquette d'Europe, et fait les honneurs de la table. Deux des employés supérieurs de l'usine, dont un parlait le français, prenaient part au repas, ainsi que les deux interprètes de la Légation italienne ; il fut donc facile d'établir la conversation avec M. Tokouno, qui ne parlait que le japonais, mais le plus grand secours nous venait de M. Chiossone, célèbre graveur italien qui prépare les gravures pour la fabrication du papier-monnaie. Cette fabrication est aussi sous la direction de M. Tokouno, et le contact de plusieurs années, entre celui-ci et M. Chiossone, a établi entre les deux un tel courant de sympathie, d'estime et d'amitié, qu'ils se sentent nécessaires l'un à l'autre.

Monsieur le ministre d'Italie remercie et complimente M. Tokouno, et lui rappelle volontiers qu'il a toujours été si bienveillant et si aimable pour ses compatriotes que son souverain a cru devoir l'en récompenser par la décoration de la Couronne d'Italie.

Je profite des nombreux interprètes pour demander des renseignements sur l'organisation du travail.

Les ouvrières sont reçues à l'âge de quatorze ans, et signent un contrat qui les lie pour la vie à l'établissement. Ce lien cesse en cas de maladie, de mariage ou de toute autre force majeure. Elles reçoivent trois vêtements blancs en toile, uniforme de l'usine, et on les remplace à mesure qu'ils sont usés. Le salaire de début est de sept *cens* (35 centimes) par jour, et il augmente avec l'âge, la conduite, l'assiduité. Après un certain temps, celles qui se distinguent par leurs bonnes qualités reçoivent un petit galon qu'elles portent sur l'uniforme, au côté gauche de la poitrine ; elles montent ainsi en grade jusqu'au cinquième galon, après lequel elles gagnent une médaille qui les constitue surveillantes. Les paresseuses sont traitées paternellement, et leur défaut est vaincu par l'exemple des plus travailleuses, à côté desquelles elles prennent place. Les plus anciennes portent un costume noir et sont contremaîtres.

Il en est de même pour les ouvriers, mais ceux-ci portent le galon sur l'épaule ; et, ces galons varient de couleur selon les ateliers.

Les heures de travail sont ainsi réglées : entrée à 7 heures du matin ; à 9 heures, 20 minutes de repos ; les ouvriers trouvent à ce moment à l'établissement le thé et le tabac, car ici tout le monde fume. Les ouvriers et les ouvrières ont chacun leur réfectoire séparé.

Le travail reprend à 9 heures 20 minutes et est suspendu, de nouveau, de onze heures et demie à midi, pour le déjeuner, qui a lieu dans les réfectoires ; il est repris à midi et suspendu de nouveau à 1 heure 40 minutes pour recommencer à 2 heures. À quatre heures et demie, la journée est finie : les travailleurs quittent leur costume, reprennent leurs habits dans les vestiaires respectifs et rentrent dans leurs familles.

Ceux qui le désirent s'arrêtent pour les cours élémentaires qui leur sont faits gratuitement. Ainsi, la journée se réduit à un peu plus de huit heures de travail.

Le dimanche n'est pas connu au Japon, mais chaque deux semaines les ouvriers ont la moitié du samedi libre, et chaque quatre semaines un dimanche entier.

M. Tokouno aime ses ouvriers et en prend soin ; il a formé, pour eux, des institutions multiples. Une société de secours mutuels fonctionne en leur faveur et fournit gratuitement, aux sociétaires, médecin et médicaments. Une caisse d'épargne, au moyen de l'intérêt capitalisé chaque trois mois, leur donne, sur les sommes déposées, un intérêt de 10 0/0 ; et, les économies s'élèvent déjà à quarante mille yens (200 mille francs). La fabrique ne date que de quelques années : les ouvriers sont tous jeunes ; ils auront sans doute plus tard une caisse de retraite pour la vieillesse ou les infirmités.

Le côté moral n'est pas négligé. Les ouvriers ou les ouvrières, dont la conduite ne se maintient pas irréprochable, après avertissement, sont renvoyés sans bruit et remplacés.

En Europe, les industriels ont trop souvent organisé leurs usines au seul point de vue de leur profit pécuniaire, sans aucun souci du bien-être matériel et moral de la famille ouvrière. Il en est résulté des désordres graves : la plainte des ouvriers et la guerre entre le capital et le travail qui pèse partout avec de terribles menaces.

Avant de quitter l'usine, M. Tokouno nous a fait cadeau de magnifiques échantillons des plus beaux produits de sa fabrication ; et, nous avons pris congé de lui, enchantés de son parfait accueil et de son grand cœur. Un pays qui a de tels hommes peut avoir confiance dans l'avenir !

13 Septembre.

Ce matin, nous nous sommes rendus dans un des quartiers de la ville de Tokio, à la fabrique de papier-monnaie. Là, mille ouvriers et ouvrières sont occupés aux divers travaux et divisés en quatre sections : Fabrication des produits chimiques, encres, couleurs, etc. – Gravure sur cuivre, acier, pierre, etc. – Imprimerie et ses annexes. – Contrôle.

Nous arrivons au moment où le sifflet de la machine annonce le repas de neuf heures. Nous voyons les ouvriers défiler en bon ordre et entrer dans leur réfectoire ; puis, viennent les ouvrières, qui se dirigent vers le leur. Nous les y suivons pour les voir prendre leur thé et fumer leur pipe ; là, le silence n'est plus obligatoire, mais l'ordre le plus parfait ne cesse de régner. Quelques-uns, peu habitués aux chaises et aux tables, prennent leur posture nationale et croisent les jambes sur les bancs.

Le repas fini, nous parcourons les ateliers. Partout l'espace, l'air, la lumière et propreté irréprochable ; ici des cylindres, que meut la vapeur, broient les couleurs les plus fines ; là, les graveurs manient avec habileté les délicates machines de réduction ; ailleurs, les produits sont soigneusement vérifiés et contrôlés. Les billets de 10, 20, 50 cens (le cens vaut 5 centimes), de 1, 5, 10, 20, 50 yen, portent des inscriptions japonaises, et quelques-uns sont ornés des portraits des héros de la nation, gravés par M. Chiossone.

Les premières commandes avaient été faites en Allemagne ; mais, il s'est trouvé que certaines couleurs disparaissaient lorsque le billet était soumis, pendant une demi-heure, à un bain d'eau, mélangée de cendre.

On a découvert de meilleures couleurs résistant, sans altération, pendant cinquante heures dans un même bain ; c'est pourquoi, l'administration retire les billets de fabrication allemande et les remplace par ceux de sa propre fabrication.

Dans le compartiment de l'imprimerie, nous voyons, avec étonnement, le grand nombre de cases réservées aux caractères japonais et chinois ; ceux-ci, en effet, sont au nombre de plusieurs milliers. Il en résulte pour la lecture, l'écriture et la composition, des difficultés qui disparaîtront le jour où les Japonais, avec leur esprit d'innovation, les auront remplacés par les caractères européens, plus réduits et plus faciles.

La fonderie des caractères fonctionne dans l'établissement sur une vaste échelle.

À côté de l'imprimerie, nous avons visité la fabrique des machines. La fonte des pièces, leur polissage, tournage, rabotage et autres opérations, se font comme dans nos meilleures fabriques d'Europe. La plupart des machines qui fonctionnent, dans les deux établissements, ont été faites ici sous la direction de M. Tokouno, et pourtant, cet industriel était un homme d'armes, un ancien *Samouraï*, qui n'avait jamais connu la mécanique. Les machines d'Europe lui ont servi de modèle, et il affirme que l'homme de forte volonté peut ce qu'il veut.

Une des parties les plus intéressantes de l'établissement est la fabrication des papiers-cuirs. Ils sont disposés en rouleaux, comme nos papiers d'Europe ; le dessin est calqué sur le papier, au moyen d'un cylindre en bois qui le contient et sur lequel le papier mouillé est frappé avec de petites brosses. Ensuite, on le sèche, on passe le fond, ou bien on applique les feuilles d'or ou d'argent ; les ouvrières donnent les dernières couleurs au pinceau, et il en résulte des tapis d'une grande beauté, pour les parquets des salons, mais ils ne peuvent servir que pour le Japon, où les habitants se déchaussent pour entrer dans les appartements.

Pour l'exportation, on fait un superbe papier à coller, destiné aux salons et salles à manger de luxe.

En dernier lieu, nous avons visité un établissement complet de photographie, où les portraits et les paysages sont exécutés avec une grande netteté et coloriés à la perfection. M. Tokouno a eu l'amabilité de faire photographier le groupe des visiteurs ; nous avons voulu qu'il y figurât au centre, et ce sera un beau souvenir de notre visite.

Un déjeuner exquis nous a ensuite été servi ; et, en guise de récréation, le Directeur nous a fait donner par les douze *policemen*, attachés à l'établissement, un assaut d'armes, suivi d'une lutte japonaise.

Dans le premier exercice, les combattants se portaient des rudes coups de tranchant et de pointe, parés avec habileté ; mais, à chaque passe, ils poussaient des cris sauvages vraiment effrayants. Dans le second exercice, les lutteurs savaient si bien saisir l'adversaire, soit au corps, soit aux bras ou aux jambes, qu'ils le soulevaient en l'air pour le laisser retomber lourdement sur le plancher ; il me semblait qu'ils devaient en avoir tous les os disloqués.

Les usines que nous avons visitées, hier et aujourd'hui, travaillent, non seulement pour le compte du gouvernement, mais on y exécute aussi les commandes privées, ce qui assure un revenu à l'État. Ce sont des usines modèles ; et, l'étranger qui les visite en rapporte la meilleure impression.

Après avoir pris congé de M. Tokouno, nous sommes passés à la fabrique de laques de M. Nokayama, ancien consul japonais à Milan. On y fabriquait un mobilier pour un prince de la famille impériale. Les fauteuils, sofas, dormeuses, chaises, tables, avaient reçu cinq couches de laque, et on y traçait les dessins de feuilles d'or qui en relevaient l'effet. La solidité est telle que l'air, la pluie, le soleil ne peuvent l'altérer. Nous avons questionné sur le temps et le prix ; on nous a répondu qu'on pouvait, en se pressant, faire un fauteuil dans trois mois, et que son prix était de 100 yen (environ 330 francs), y compris l'étoffe brodée de soie qui devait le recouvrir.

La laque est le produit résineux d'un arbre spécial au Japon ; on la vend dans de petites écuelles, et elle est d'un noir parfait et luisant. On peut, par le mélange, la réduire à diverses couleurs.

On nous conduit dans le *Godawn :* on appelle ainsi le magasin construit pour mettre les marchandises à l'abri du feu. Dans un pays où toutes les maisons sont en bois, les incendies sont fréquents et terribles. Bien souvent, ils détruisent des quartiers entiers et brûlent, dans une seule fois, comme l'hiver dernier, plus de vingt mille maisons. Il est bien vrai que ces maisons sont de bois et de papier, et qu'elles sont reconstruites au bout de vingt jours, mais il n'en est pas moins vrai que cinquante mille personnes se trouvent d'un seul coup à la rue, et que, sans la simplicité des mœurs du pays qui fait que chacun se case chez le parent, l'ami ou le voisin, les misères seraient inexprimables.

Les marchands qui pensent à sauver leurs marchandises, les placent dans des constructions en briques dont les fenêtres et les portes sont en fer : si le quartier brûle, le feu ne peut avoir prise sur de tels matériaux.

Dans le *Godawn* de M. Nokayama, nous trouvons un ensemble de jolis objets de laque, dont quelques-uns arriveront à nos amis, en souvenir. On nous montre aussi des laques antiques, d'une grande beauté, mais d'un prix fort élevé. Dans cette fabrique, nous avons encore vu sculpter des vases de bronze d'un travail japonais fort compliqué et fort cher.

Le soir, M. le ministre d'Italie a eu la bonne pensée de réunir, à sa table, bon nombre de représentants des meilleures maisons de commerce de France et d'Italie ; c'était pour moi une excellente occasion de faire connaissance avec les gens d'affaire, et d'en avoir d'utiles renseignements. Ils s'accordent à dire que le commerce est en souffrance dans ce pays ; les soies, pour l'exportation, par suite de la concurrence des compagnies japonaises, se vendent ici à un prix supérieur à celui qu'on peut en trouver sur les places d'Europe. L'importation a dépassé les besoins, et subit en ce moment une perte moyenne de 15 0/0.

L'Européen reconnaît, en général, dans le Japonais, beaucoup moins d'aptitudes commerciales que dans le Chinois ; c'est un peuple de poètes et d'artistes, comme en Italie. Peu d'exactitude dans les livraisons, souvent des fraudes dans la qualité. Espérons que, avec son intelligence, le négociant japonais arrivera bientôt à comprendre que la meilleure condition de réussite dans le commerce, est l'honnêteté et la ponctualité.

Cinq ou six compagnies commerciales japonaises se sont formées récemment, dans le but d'opérer directement avec l'Europe, et de s'affranchir de l'intermédiaire des courtiers européens établis à Yokohama. La lutte est vive en ce moment ; ceux-ci s'en plaignent ; mais, on ne saurait faire un reproche fondé aux Japonais de vouloir s'émanciper ; reste à savoir si, par leur éducation commerciale, ils sont arrivés à la majorité ; c'est ce que les faits diront.

Parmi les spécialités de ce pays, il m'a été donné, cette nuit, de voir la plus terrible : le typhon, qui s'abat sur ces îles, vers les équinoxes. Un vent, auprès duquel notre mistral paraît bénin, s'est levé tout à coup et a ébranlé la maison ; des gouttières et plusieurs portes ont volé en éclat ; la toiture a été emportée à la maison voisine. M. le ministre d'Italie, qui connaît cet ennemi, parcourt en personne les appartements et fait fermer hermétiquement toutes les ouvertures. Le matin, nous trouvons dans le jardin des arbres brisés, d'autres déracinés, et nous sommes heureux que les toitures ne soient pas venues sur nos têtes. Malheur aux navires en mer ! Toutefois, en parcourant la ville, je trouve les maisons debout, et on en déduit que, quoique plus long, ce typhon a été moins violent que celui du 4 octobre dernier, qui enleva quatre mille maisons. La Légation d'Italie faillit être écrasée par le renversement du mât qui porte le drapeau.

Cette Légation est près de la place d'armes ; en allant et en venant, nous voyons souvent les soldats de toute arme y faire l'exercice ; ils portent veste et pantalon blancs, et casquette pendant l'été ; le vêtement est de drap, avec capote pendant l'hiver. La tenue est assez bonne, et la manœuvre commence à leur devenir familière. L'armée a été organisée par des officiers français, sur la méthode de l'armée française ; leur besogne est finie, et ce corps d'officiers vient de rentrer en France.

L'armée japonaise compte, au 1er mars 1880, 35 434 hommes, dont 33 022 soldats et 2 412 officiers ; 31 475 sont dans l'infanterie, 331 dans la cavalerie, 1 938 dans l'artillerie, 1 106 dans le génie et 584 dans le train des équipages. Un corps choisi de 3 994 hommes forme le corps de la Garde.

Les *policemen* font partie du ministère de la police ; ils sont ordinairement recrutés parmi les anciens *Samouraï* ou hommes à deux sabres ; ils sont vêtus de blanc en été ; et, comme en Angleterre et en Amérique, ils ont pour arme un bâton, mais beaucoup plus grand que celui des Anglais ; l'animosité qui existe entre eux et les soldats se traduit souvent en des rixes sanglantes. Durant la guerre de Satsuma, les *policemen* furent organisés en compagnies et bataillons, et jouèrent un rôle important.

La conscription, pour l'armée, a lieu à vingt ans ; il y a des exemptions nombreuses, des exonérations ; pas de remplacement. La durée du service actif, pour le soldat, est de trois ans. Jusqu'à l'âge de quarante ans, il peut être rappelé sous les armes. Tout Japonais, de dix-sept à quarante ans, peut être incorporé. Les catégories sont ainsi réparties : Armée active : trois ans, de vingt à vingt-trois. – Réserve : trois ans, de vingt-trois à vingt-six. – Armée territoriale : quatre ans, de vingt-six à trente ans. – Armée nationale : de dix-sept à quarante ans.

Le soldat reçoit une solde journalière de cinq à six cens (25 à 30 centimes) ; le lieutenant a trente-deux yen-papier par mois, le capitaine cinquante-deux, le colonel cent quatre-vingt-treize, le général trois cent cinquante, le maréchal quatre cents. (Le yen-papier vaut nominalement 5 francs ; et, en réalité, vu sa dépréciation, il vaut en ce moment 3 francs). Le budget du ministère de la guerre, pour 1881, est d'environ huit millions de yen.

14 Septembre.

Aujourd'hui, j'ai été présenté à M. l'amiral Enomoto. Il a été pendant trois ans ministre plénipotentiaire à Saint-Pétersbourg, et il connaît la vie européenne. En l'absence du prince, cousin de l'empereur, qui l'accompagne en ce moment dans son voyage au nord du Japon, il le remplace à la présidence de la Société de Géographie. Il m'a reçu avec une politesse exquise, et a accueilli avec plaisir l'offre d'échange des publications entre la Société qu'il préside et celle de Lyon, dont je suis membre. Il m'a remis deux volumes en langue japonaise, contenant les premiers travaux de la Société de Tokio, la liste des membres qui la composent et ses règlements. La bibliothèque contenait des ouvrages français, anglais, allemands, hollandais, mais le plus grand nombre des volumes étaient chinois et japonais. Monsieur le contre-amiral

Axamats Novi Yoski, qui se trouvait présent, m'a montré de belles cartes géographiques et de nombreuses cartes hydrographiques, exécutées par des ingénieurs et des officiers de la marine japonaise.

M. Enomoto, avant de me quitter, a eu la complaisance de me remettre des lettres pour les gouverneurs d'Osaka et de Kioto, qui me seront fort utiles, lors de ma visite dans ces deux villes.

J'ai parcouru ensuite le vaste établissement destiné aux écoles des enfants nobles. On y instruit deux cents garçons des anciens daïmios et de quelques ex-samouraï, et cent jeunes filles ; parmi les garçons, trente sont internes.

Nous sortions de cette école, lorsqu'une forêt de lanternes, de banderoles, accompagnant un char tiré par deux bœufs, s'avancent vers nous. Sur le char, une vingtaine d'hommes jouent du tambour et de la flûte entre un échafaudage qui supporte la statue de je ne sais quel personnage religieux, tout orné d'or et de bannières ; c'est, la fête du quartier. Nous nous avançons jusqu'à un temple, beau tombeau d'un ancêtre du Mikado. À droite et à gauche, grande installation de jouets, de bonbons de toutes sortes, avec accompagnement de tir à l'arc et autres jeux ; on se croirait à la foire d'un de nos villages ; les enfants surtout sont fous de joie ; ici, ils portent en triomphe un grand pot de saki ; là, ils traînent leur petit char, imitation du grand. D'autres chars, avec des statues de femmes, se succèdent ; grande animation partout. Le temple est en partie illuminé, et des vieillards, des femmes, des jeunes filles s'y prosternent en prière.

Au retour, nous passons devant un bain public. Depuis quelque temps, la police exige la séparation des deux sexes.

Nous essayons le tir à l'arc ; j'y réussis peu ; mais, pendant que je m'exerce, une multitude d'enfants s'est assemblée autour de moi, et j'ai de la peine à fendre la foule pour gagner le *djinrikisha* qui doit me ramener à la Légation.

CHAPITRE V

La torture – Nouvelle législation – L'Université – Les hôpitaux – Le théâtre – La danse – Un dîner japonais – Départ pour Kobé

Le ministre d'Italie avait eu la bonté d'inviter, ce soir-là, à dîner, M. Boissonnade, avocat de Paris, depuis sept ans au Japon, où il est professeur de droit. Le gouvernement japonais l'a chargé de rédiger un code pénal et un code d'instruction criminelle qu'il vient de terminer ; il est calqué sur nos lois européennes. Malgré quelques modifications portées par le Conseil de l'Empire, ce travail, tel qu'il est, constitue encore un immense progrès. On dit qu'il sera mis à exécution à partir du 1er janvier 1882.

M. Boissonnade se fait estimer de tous par sa droiture et sa fermeté. Il passait un jour dans une rue de Tokio, lorsqu'il entend sortir d'une maison des hurlements de douleur ; il croit qu'il s'agit d'une bête en souffrance et entre pour la délivrer ; c'était un homme accroupi sur des lames de bois acérées, portant sur lui une grosse charge de pierres ; il était à la torture. Le professeur ne peut supporter un tel spectacle, et, sortant dans la rue, il est accosté par un autre Français qui lui demande la cause de son trouble. « Venez et voyez, » répliqua M. Boissonnade, et il introduisit son interlocuteur dans la chambre de la torture ; ce Français, en sortant, haussa les épaules et dit : « C'est regrettable, mais cela ne nous regarde pas ; de quoi allez-vous vous mêler ? »

Comment, répondit M. Boissonnade, vous voyez cette souffrance et vous ne feriez rien pour abolir de telles horreurs ! oh ! je veux bien m'en mêler. Il rencontre un dignitaire japonais, qui s'informe aussi des causes de son émotion. « Je viens de voir votre torture, dit-il, et j'en suis bouleversé, vous ne pouvez continuer une telle barbarie ; je n'ai jamais fait de rapports sans qu'on me les ait demandés, mais, cette fois, je vais en faire un *proprio motu*. Le lendemain, M. Boissonnade recevait, de la part du gouvernement, la demande d'un rapport sur la torture, et maintenant la torture est abolie. Ainsi cet homme de cœur n'a pas craint, en cette circonstance, de compromettre sa situation ; il a mis le devoir avant tout, et il n'en a gagné que plus d'estime. Si, comme cet autre Français, et comme beaucoup trop de Français, il avait dit : de quoi allons-nous nous mêler ; des milliers de pauvres créatures seraient encore tous les jours torturées pour leur arracher l'aveu de crime qu'elles n'ont souvent pas commis.

M. Boissonnade travaille en ce moment au code civil, mais il n'a pas encore abordé les changements radicaux à apporter à la constitution de la famille ; et, quelle que soit son application à chercher les derniers perfectionnements, il n'est pas sûr que son œuvre ne subisse des altérations de la part du Conseil du gouvernement.

Notre illustre compatriote est chargé aussi de faire des conférences, sur le droit, aux magistrats japonais. Dernièrement, à une séance d'installation d'une Société pour l'étude de la langue française, il n'a pas craint d'affirmer que le vrai progrès a été porté à l'humanité par le christianisme.

La rédaction du code de commerce a été confiée à un jurisconsulte allemand.

Le jeudi, 15 *septembre*, est occupé pour la visite à l'Université. Comme en Italie et en Allemagne, elle comprend quatre branches : les lettres, les sciences, le droit et la médecine. Six cents étudiants suivent ces cours ; mais une école secondaire préparatoire annexe compte quinze cents élèves. Il n'y a presque plus maintenant de professeurs étrangers, à l'exception de quelques Américains. La langue européenne adoptée au Japon est, définitivement, la langue anglaise.

Le recteur et les principaux dignitaires, tous Japonais, nous reçoivent avec beaucoup d'égard, nous font visiter les classes, les laboratoires, les musées, la bibliothèque, le tout fort bien installé, et nous offrent des rafraîchissements, puis nous nous rendons à l'hôpital, qui renferme l'école de médecine.

Le directeur est un médecin allemand, et il a installé toutes choses comme dans son pays. L'hôpital n'a qu'un rez-de-chaussée et comprend divers bâtiments pour les diverses qualités de maladies. Tous ces bâtiments sont espacés dans la campagne et entourés d'arbres et de fleurs. Les salles ne contiennent en général que peu de lits. Les malades qui paient un *yen* par jour (5 francs) ont une chambre particulière. Ceux qui paient soixante-quinze *cens* (le cens vaut 5 centimes), sont dans une salle de trois à quatre lits ; il y en a sept ou huit pour ceux qui paient cinquante cens par jour. Il y a des salles gratuites pour les pauvres. L'hôpital peut contenir environ huit cents lits. Tous les jours, il y a visite gratuite pour les malades qui viennent de la ville ; ils reçoivent des remèdes ou subissent des opérations.

Il y a une maladie spéciale au Japon, appelée le *cakè* ; c'est une espèce d'arthrite qui commence par une enflure aux jambes ; puis, tout le corps se gonfle, devient insensible au toucher et rend tout mouvement impossible. L'esprit devient plus vigoureux, mais après trois mois, lorsque l'enflure arrive au cou, on meurt. Les médecins européens n'ont encore pu découvrir la cause de cette maladie. On a construit un hôpital spécial pour les malades qui en sont atteints, et nous sommes allés le visiter. Il est entièrement genre japonais, avec parois en coulisses, et les malades sont par terre sur les tatamis. Ils étaient divisés en deux classes, environ cent dans chaque compartiment. Les uns sont soignés d'après la méthode japonaise, les autres d'après la méthode européenne ; de ceux-ci, il en guérit un plus grand nombre. Le docteur japonais, qui nous conduisait, nous dit que les décès s'élèvent environ à 10 0/0.

Nous arrivons à l'hôpital général où on nous sert un déjeuner ; mais, à l'américaine, avec de l'eau pour boisson. Nous voulions assister à l'autopsie pour l'étude de la maladie du *cakè*, mais le cadavre n'était pas encore arrivé de l'autre hôpital.

Dans l'après-midi, nous allons visiter les temples de Shiba, où sont les tombeaux des membres de la famille des Taïcoons de Tokogawa ; ils sont dans le genre de ceux de Nikko, un peu plus grands ; puis, nous nous rendons au théâtre principal ; il y en a vingt-trois à Tokio. Les Japonais sont grands amateurs du théâtre ; ils y passent la journée. La représentation en hiver commence à sept heures du matin et finit à dix heures du soir. Durant la saison chaude, elle commence à trois heures du soir et finit vers onze heures.

La salle dans laquelle nous entrons est comble : il y a environ deux mille personnes ; au parterre, les spectateurs sont accroupis sur les tatamis ; ils fument, ils causent, ils mangent, et les mamans donnent la mamelle aux bébés.

Dans les galeries latérales, il y a quelques divisions, sortes de loges. Dans la galerie du fond, sont entassées sept à huit cents personnes, la plupart nues. Les acteurs ne sortent pas par les coulisses ; ils arrivent de dehors et traversent le parterre.

L'action est bien conduite, la mimique sans exagération, les costumes fort riches, la musique détestable. Les Japonais aiment le féerique : changement de scènes, moyennant un disque tournant qui emporte tout un décor et en ramène un autre ; apparition d'esprits, personnages sortant du sol, émergeant d'un arbre, descendant du ciel, etc. La torture est souvent exhibée, et donne une idée des souffrances des pauvres patients ! Deux individus vêtus de noir et la face voilée sont toujours sur la scène pour les divers services ; ils sont vêtus de noir parce qu'ils sont censés ne pas exister. La même pièce est souvent jouée deux ou trois mois de suite.

16 Septembre.

De grand matin, les *djinrikisha* nous portent au jardin d'acclimatation, à une lieue de la ville ; partout on charrie vers la campagne le fumier humain, pour l'utiliser ; le transport se fait par de grands seaux en bois, suspendus à chaque bout d'un bâton et portés par les hommes, sur l'épaule, à la mode des porteurs d'eau de Venise.

Si cette parfumerie féconde les champs, elle embaume par trop les rues de la ville.

Le jardin d'acclimatation, créé par le gouvernement, a été vendu à une compagnie. Nous y trouvons des fleurs, des arbres fruitiers et surtout des vignes importées d'Europe, mais on dit que, après quatre ans, le sol rend ces fruits et ces grappes insipides comme les autres fruits du Japon. La vigne qui réussit bien est celle du raisin framboise ; je ne sais si elle est importée ou propre à ce pays.

Je rentre en ville faire divers achats, puis nous allons déjeuner chez M. Boissonnade, qui avait réuni à sa table plusieurs amis. J'y trouve M. Gambé, un Français employé à la police, l'ancien secrétaire de la Légation japonaise à Saint-Pétersbourg, un élève en droit et diverses autres personnes.

M. Boissonnade est logé princièrement. Il a deux magnifiques maisons construites en bois, à l'américaine ; l'une d'elles était destinée à la Légation d'Amérique. Comme presque tous les Européens qui sont, ici, il a fait de magnifiques collections d'antiquités japonaises, bronzes et laques. Son jardin est gracieux et fleuri ; il a besoin de tout cela pour se distraire, car il souffre de l'asthme ; et, depuis vingt ans, il ne se couche plus.

On cause sur les personnages officiels du Japon ; les avis sont partagés à leur sujet ; les journaux parlent des tripotages dans lesquels sont tombés quelques-uns, pour accaparer la fortune.

Après midi, madame Koyassau m'a fait inviter chez elle. C'est la dame à laquelle j'avais fait quelques politesses sur la route de Nikko ; son mari est directeur de *Fuso-Shohwai*, société commerciale pour les soies. M. Motono me conduit et me sert d'interprète. En arrivant, nous ôtons nos souliers, selon l'habitude. Le Japonais est très propre ; il prend le bain tous les jours et lave souvent ses dents avec la brosse.

La maison de madame Koyassau commence à sortir de l'ordinaire ; les tatamis sont remplacés par de belles moquettes anglaises, et la maison est entourée d'un charmant jardin orné d'un petit lac.

Nous prenons le thé, puis elle nous conduit près des temples de Shiba, au *Koya Kwan*, club des nobles. Il est situé dans un beau parc planté de grands *momidji*, arbre dont la feuille ressemble à celle de la vigne vierge qui rougit en automne. Le club comprend une salle de théâtre et de danse, et divers bâtiments séparés avec des salles formées au moyen de parois en coulisses, à la manière japonaise. Ces parois, comme partout, sont ornées de dessins et de poésies, souvent, de fines peintures.

Nous sommes reçus par de belles jeunes filles, enfants des anciens nobles dépossédés, employées ici comme servantes ; tout le service est ainsi fait par des nobles. On me fait préparer un thé de luxe ; on le fait instantanément en jetant dans une tasse d'eau chaude une pincée de poudre du thé le plus fin, et tournant avec un pinceau. Puis, deux jeunes filles richement vêtues, s'avancent pour la danse ; quatre autres, accroupies par terre, jouent de la flûte, du tambourin et d'une espèce de harpe ; ce n'est pas harmonieux. Les danseuses font toutes sortes de pauses, mais leurs jambes sont embarrassées dans la longue robe à queue, et leurs bras vont et viennent, jouant avec l'éventail ; c'est la grande danse : elle n'est pas fort gracieuse.

Après cette séance, nous saluons madame Koyassau, et M. Motono me conduit non loin de la gare, à un restaurant japonais, où les directeurs de diverses banques et sociétés commerciales veulent m'offrir un dîner de gala. À cinq heures, arrive le président de la *Boyeki-Shokwai*, et deux directeurs de cette société, qui est en relation d'affaires à Lyon, avec la maison Louis Desgrand. Plus, tard vient le directeur de la *Shokin-Ghinko*, qui a une succursale à Lyon. Ce nom signifie banque métallique, parce que, sur les cent cinquante-deux banques japonaises, c'est la seule qui paie en argent, les autres paient en papier.

On s'assied par terre et l'on cause. On me demande divers renseignements sur notre code civil et sur le code de commerce, sur nos mœurs, etc. Puis, quatre jeunes filles de quatorze ans, en costume de danseuses, nous servent le dîner sur de petits tabourets. Les mets sont dans des écuelles laquées ; mes bâtonnets ne peuvent rien en prendre, mais je n'en suis pas fâché, car un autre dîner de gala m'attend à la Légation d'Italie. Les jeunes filles nous versent, dans de petites écuelles de porcelaine, le saki ou extrait de riz. Il est d'usage qu'on offre une écuelle à la préférée ; elle boit, lave l'écuelle et la remplit pour l'offrir à son tour à celui qui la lui a donnée.

Quatre autres jeunes filles de vingt à vingt-cinq ans, richement vêtues, se tiennent accroupies au fond de la salle. À un moment donné, elles prennent leurs instruments et font de la musique. Alors, les quatre jeunes danseuses qui nous servaient, se placent au milieu de la salle et font toutes sortes de pauses, battent des mains et pirouettent. Leur danse est plus mouvementée et plus gaie que la grande danse que je venais de voir au club des nobles.

Mes commensaux me demandent ce que je pense de leur fête. Je réponds que je trouve le tout fort asiatique. « Si vous voulez devenir un grand peuple, leur dis-je, ce n'est pas dans le plaisir, mais dans le travail et le sacrifice, que vous trouverez l'énergie nécessaire aux grandes entreprises. »

Je les quitte poliment et viens en courant à la Légation d'Italie, où m'attendait M. Tokouno, le directeur de la fabrique de papier-monnaie et son beau-fils, le général Saïgo, ancien ministre de la guerre, un des Sanghi ou des neuf conseillers de l'Empire (conseil qui est au-dessus du conseil des ministres). Ce général est le frère du maréchal Saïgo, qui, il y a trois ans, se révolta, et durant huit mois, à Satsuma, dans le sud, menaça le gouvernement avec une forte armée de mécontents. À la fin, il périt dans une bataille, et le gouvernement n'eut le dessus que grâce à l'organisation militaire de son armée, formée par nos officiers français. M. Saïgo a visité l'Europe. Outre les employés de la Légation, il y a encore, parmi les convives, M. Nayagawa, ancien ministre du Japon à Rome ; on peut donc causer des choses du Japon et des choses d'Europe. La conversation dura, en effet, bien avant dans la nuit. Monsieur Tokouno avait apporté gracieusement le groupe de nos photographies qu'il avait fait prendre quelques jours auparavant.

17 Septembre.

Le lendemain, de grand matin, je fais mes malles, et nous partons pour Yokohama, où le consul de France, M. Jouslain nous reçoit à déjeuner. Il avait invité M. Carcano, consul d'Italie, et M. Baretta, commerçant milanais. Après le déjeuner, il nous montre le portrait de sa jeune femme, décédée à vingt-cinq ans, et de divers parents qu'il a dans le clergé. M. Jouslain, quoique républicain, a toujours protégé les missionnaires qui sont, dit-il, une gloire nationale.

Après quelques visites et quelques achats, mon ami Lanciares, avec M. Motono, me conduisent sur le steamer *Togasawa Maru :* c'est un bateau de douze cent cinquante tonnes, portant cinq cents voyageurs et appartenant à la compagnie japonaise la *Mitsu-Bishi*. Dans deux jours, il doit me déposera Kobé. À six heures, la cloche sonne, Lanciares me quitte ; je le salue encore une fois avec le mouchoir, et nous voilà en route.

Le soleil se couche derrière le Fusijhama et forme un de ces tableaux comme nous les voyons à Nice, du quai des Ponchettes, lorsque le soleil passe derrière l'Estérel. Le tableau est si beau que, si un peintre le copiait, on ne voudrait jamais croire qu'il est d'après nature.

Pendant que je reste en contemplation, la plage s'éloigne, les mâts des navires en rade disparaissent, les belles collines qui dominent Yokohama se perdent dans la brume. La nuit arrive, et avec elle la phosphorescence qui brille sur l'eau ; on dirait que notre navire vogue sur une mer d'étoiles ; mais, un peu plus tard, il s'arrête tout à coup : il n'avait pas vu une grande jonque qu'il allait couler ; il parvient à l'éviter, mais nos embarcations emportent sa voile, les pauvres mariniers en ont été quittes pour la peur.

Le lendemain, 18 septembre, le temps était beau et la mer tranquille. Les rives verdoyantes du Japon étaient toujours devant nos yeux. Un *clergyman* américain, sa femme et son bébé se trouvaient parmi les passagers ; nous pouvons causer sur les choses du Japon ; il a sa résidence à Osaka, et se plaint de ce que le climat le rend paresseux. La nuit arrive encore, et le lendemain, 19 septembre, à cinq heures du matin, nous sommes en rade de Kobé. Toujours même pittoresque dans le paysage. À six heures, je suis à la douane et je demande à un *djinrikisha* de me conduire à l'hôtel des Colonies ; il me conduit au club allemand. Le gardien se lève, se frotte les yeux pleins de sommeil, gronde mon homme et lui montre mon hôtel, où une jeune Française vient me recevoir.

CHAPITRE VI
Kobé – Osaka – Kioto – Nara – Bains d'Arima

La ville de Kobé est de création récente ; elle s'élève, à l'embouchure d'une rivière détournée, sur l'emplacement concédé par le gouvernement japonais. Les Européens en ont fait une charmante petite ville, avec rues larges, quais plantés d'arbres et jolies maisons d'un étage, avec vérandas.

Partout on est embaumé par le parfum de thé qu'on brûle dans les chaudrons, qu'on tamise et met en caisse pour l'exportation. Ces opérations ont lieu dans de nombreux établissements, qui emploient chacun sept à huit cents femmes, dirigées par des employées chinois. Pour colorer le thé, on se sert de la chaux et de l'indigo.

Je me rends chez les missionnaires où je suis accueilli avec bienveillance. Je vais au consulat d'Angleterre qui est chargé des intérêts français. Dans l'antichambre, une affiche avertit les marchands et armateurs d'avoir à surveiller les coolies dans les chargements et déchargements et, le soir, d'inspecter les locaux pour s'assurer que personne ne s'y est caché.

Je fais quelques visites pour remettre des lettres de recommandation, et à dix heures, ayant reçu un passeport, je me rends à la station du chemin de fer, à destination d'Osaka.

La voie suit une belle vallée semée de riz et plantée de thé ; de riantes collines et de vertes montagnes la bordent à droite et à gauche. On passe plusieurs ponts, et un peu après midi, j'arrive à Osaka. C'est la troisième ville de l'empire. Elle compte plus d'un demi-million d'habitants ; ses rues sont plus étroites que celles de Tokio, mais elles sont pavées en briques.

La pluie tombe ; un *djinrikisha* me conduit au *Jutei*, hôtel où j'espère trouver quelqu'un qui parle anglais. J'ai de la peine à faire comprendre que je veux déjeuner. Je vais chez le gouverneur, monsieur Fateno, pour lequel j'avais une lettre de l'amiral Enomoto. Le concierge ne me comprend pas, et je ne le comprends pas. Je vois que je ne sortirai pas d'embarras ; je me fais conduire à la direction d'un journal indigène où je devais remettre une lettre, je trouve là un jeune homme qui parle anglais, mais qui est occupé ; enfin je vais à *l'Hôtel-monnaie*.

Le directeur me reçoit dans un beau salon orné à l'européenne avec des rideaux de soie. Il me sert du *sherry*, et consent à me donner pour guide un de ses employés. Je tiens à voir la campagne de Osaka à Kioto. Il est quatre heures, je cours au chemin de fer, l'interprète me suivra avec le dernier train.

Dans le wagon, je me trouve avec un Européen ; je lui adresse la parole en anglais ; il comprend à mon accent que je suis Français et me répond dans ma langue. C'est monsieur F. Plate, Hollandais né à Java, directeur à Kobé de la Mitsu-Bischi. Nous passons deux heures à causer sur les questions ouvrières.

Pendant ce temps, le train arrive à Kioto, après avoir suivi la vallée pittoresque dans laquelle j'étais entré le matin. Il pleut à verse ; nous prenons deux *djinrikisha* qui trottent à l'hôtel. L'enseigne porte *Jutei Palace hôtel ;* c'est bien prétentieux pour une baraque japonaise.

Mes hommes demandent, à moi, comme étranger un prix double. M. Plate se fâche, donne le prix voulu et reste imperturbable devant toutes leurs menaces.

À l'hôtel, nous trouvons le ministre de Hollande et le consul hollandais de Kobé. Je soupe avec eux et, pour la première fois, on me sert du bambou que je trouve assez bon ; puis, je regarde les Japonais jouer à la morra, comme les Piémontais.

À neuf heures, mon interprète arrive. Malgré l'heure tardive, il me demande ma carte et une lettre que j'avais pour le gouverneur de Kioto. Il me dit qu'il tient à le voir, le soir même, afin d'obtenir un de ses employés pour le lendemain. En effet, le lendemain, arrive un jeune homme qui parle un peu l'anglais et nous commençons nos excursions. Mais, à l'allure des deux compères, j'ai compris qu'ils ont formé entre eux un complot pour m'occuper durant plusieurs jours, prendre de moi les frais et les étrennes, et faire passer une bonne note au gouvernement. Je leur déclare que cela n'est, pas honnête ; je me fâche, je renvoie le second individu, je paie les frais et je préviens l'autre interprète que je saurai bien la vérité s'il veut faire payer pour moi une note au gouverneur. Celui-ci devient souple, et, ne pouvant me fier à lui, je suis obligé de lui dicter mes ordres pour les étapes ; je me sers pour cela de mon livre anglais et des notes que m'ont remises le consul de France à Yokohama, et l'interprète japonais de la Légation d'Italie à Tokio.

Au Japon, les employés subalternes ont des appointements si minimes, qu'il leur faut de l'héroïsme pour résister aux tentations de l'augmenter lorsqu'ils le peuvent.

20 Septembre.

Le matin, de bonne heure, malgré la pluie, nous commençons par visiter plusieurs temples ; nous montons sur le haut d'une pagode pour jouir du panorama de la ville, ancienne capitale du Mikado.

Cette immense cité, qui compte 822 000 habitants, a des rues étroites et pavées comme à Osaka, des maisons protégées à l'extérieur par des barreaux de bois, ce qui les rend moins gracieuses qu'à Tokio. La ville est très manufacturière ; elle possède les principales fabriques de porcelaine, de soie et de joujoux.

Après la visite de plusieurs temples ordinaires, nous arrivons sur le penchant de la colline au *Kiomysu*. C'est le temple des jeunes filles ; c'est là qu'elles viennent demander à Bouddha de leur donner un bon mari. Ce temple est beau, vaste, bien orné. Il repose, d'un côté, sur un échafaudage de bois qui le tient élevé d'environ quinze mètres sur le précipice. On a été obligé de mettre de ce côté un grillage de bois. Plusieurs fervents, pour savoir si la divinité les avait exaucés, se précipitaient en bas, persuadés qu'ils n'en souffriraient pas si Dieu était avec eux ; on ne ramassait que des cadavres. Les moins fervents, pour savoir s'ils sont exaucés, se contentent de mâcher un morceau de papier et de le jeter contre la paroi du temple ; s'il y reste collé, leur prière est reçue.

Nous visitons une des principales fabriques de porcelaine, le Kansan ; elle a mérité une médaille à l'exposition de Philadelphie. Le kaolin est trié, trituré, pétri, comme chez nous. Les vases et objets divers sont faits au tour comme chez les Romains, mais attendu que le Japonais ne s'assied pas, mais s'accroupit, au lieu de tourner la roue avec le pied, il la tourne au moyen d'un bâtonnet.

Dans cette fabrique, j'ai vu faire de beaux vases, hauts de 1 mètre 50 ; de belles tasses, des plats et tout ce que nous connaissons de la céramique japonaise, art dans lequel ils nous ont devancés. Ils savent bien les colorier et les dorer ; les jeunes filles les peignent aussi bien que les hommes, puis on les passe au four où ils cuisent durant vingt-quatre heures comme chez nous.

Nous arrivons au *Chiomin*, autre grand temple, où nous trouvons beaucoup de pèlerins ; ils tirent trois fois le cordon qui bat sur une espèce de cloche pour appeler l'attention de la divinité, et font leur prière. À côté est un bourdon monstre ; il a environ trois mètres de diamètre, cinq mètres de haut et vingt-cinq centimètres d'épaisseur ; cette cloche, comme toutes celles du Japon, sonne au moyen d'une grande poutre horizontale suspendue, qui la frappe à l'extérieur.

Dans l'après-midi, nous visitons une fabrique de soie ; nous y trouvons le métier Jacquard importé de Lyon ; à côté travaillent les anciens métiers japonais ; au moyen de nombreuses pédales, on exécute ainsi de belles étoffes. Dans une partie de l'usine, on tisse le coton. Les femmes qui dirigent les métiers sont presque nues. Elles poussent la navette au moyen d'un mécanisme en tirant une ficelle.

En sortant, nous trouvons à côté une grande fabrique de souliers européens et japonais ; ceux-ci ne sont qu'une semelle de bois, souvent recouverte de paille ; parfois elle est tenue relevée par des morceaux de bois hauts de cinq centimètres. Les Japonais tiennent cette chaussure aux pieds par un cordon qui passe à l'orteil.

Ils la laissent toujours à la porte, quand ils entrent dans une maison ; leurs bas, qui sont en étoffe, sont toujours coupés à l'orteil pour permettre de tenir la chaussure.

Nous arrivons à une autre fabrique de porcelaine, le Kin-gozan. On y fabrique aussi le cloisonné en deux manières différentes. On applique sur la porcelaine des parcelles de métal pour y former des dessins, ou bien on passe sur le métal le vernis-porcelaine, on met au four, et le tout forme un seul corps. Nous avons vu là de magnifiques objets ; j'avais bien envie d'en apporter en Europe, mais il faut trop d'argent et la casse est à craindre.

Enfin, nous arrivons au célèbre palais du Mikado ; il est situé dans un vaste quadrilatère fermé par une haute muraille ; au-dedans nous parcourons des cours nombreuses bien sablées, et un grand nombre de bâtiments à un rez-de-chaussée avec toitures à la japonaise recouvertes d'écorces d'arbres. Nous visitons les appartements ; partout coulisses de papier et tatamis comme dans toutes les maisons japonaises ; mais il y a souvent de beaux dessins sur soie, sur papier, sur bois. Les plafonds sont travaillés en petits carrés. La salle du trône est assez vaste ; elle contient, le portrait du Mikado et de l'impératrice. Il n'y a pas de trône ; l'empereur s'assied par terre comme tous ses sujets ; nous traversons un grand nombre de chambres : salles à manger, chambres d'étude, et nous admirons les jardins bien dessinés, bien boisés, ornés de petits lacs et de ruisseaux. C'est dans ce palais que, durant deux cents ans, les Taïcoons ont tenu le Mikado enfermé comme une divinité mystérieuse ; il est content d'en être sorti, et en ce moment, il parcourt son empire.

Nous continuons notre route à travers la ville et nous nous arrêtons à une fabrique de soie japonaise. Malgré l'imperfection de leurs anciens métiers, les Japonais exécutent de fort beaux dessins.

Nous voici chez le gouverneur, monsieur Kîtagaki ; il est malade, mais il me reçoit poliment et m'offre ses services. Je le remercie et il me donne le plan du château qu'il occupe : un ancien palais datant de plus de deux siècles. Une partie a été brûlée ; l'autre partie est encore superbe par l'élévation des plafonds, et par les peintures. Je rencontre, en route, l'entrepreneur de voyage allemand, monsieur Stanger. Il n'a plus avec lui qu'un seul voyageur ; les autres se sont séparés et ont pris diverses directions.

Après bien des détours, nous arrivons à la gare et prenons nos billets d'aller et retour pour *Otzu*. Pendant une heure, nous traversons un pays accidenté, planté de thé, de bambou et de riz ; puis, en sortant d'un tunnel, à la station de *Baba*, il faut admirer le vaste et beau lac de *Biwa*, entouré de vertes montagnes ; il a vingt-trois lieues de long ; et, de nombreux petits steamers le parcourent en tous sens.

Arrivés à *Otzu*, nous trouvons une compagnie de soldats du génie, s'exerçant à lever le plan de la ville. Nous grimpons sur la crête d'une montagne à *Mydera*. Là, un obélisque en granit a été érigé en mémoire des soldats morts dans la révolte du maréchal Saïgo. On jouit, de ce point, d'une vue magnifique sur le lac.

Nous regagnons le chemin de fer, et à la nuit nous sommes à l'hôtel *Jutei*, assez fatigués.

Le mercredi 21 *septembre*, de grand matin, nous nous rendons aux temples de Nishi-hongandji. Le Père Chatron l'appelle le Vatican du Japon. Ce sont deux vastes temples en bois d'environ soixante mètres de côté, avec d'énormes poutres de noyer et de pin pour colonnes.

Les ornements sont riches ; les bâtiments annexes pour les bonzes sont vastes : cloîtres, salles, chambres, c'est à ne plus finir. Ces temples appartiennent à une secte riche et puissante, relativement moins ancienne, et composée surtout de marchands. Leurs bonzes, comme ceux de la secte de Shinto, sont mariés, pendant que ceux de Buddha sont célibataires.

À toutes mes interrogations sur la destination des divers objets que je remarque, mon guide me répond toujours : « C'est pour faire la messe. » C'est qu'il y a partout une grande analogie dans la manière de rendre le culte extérieur.

La pluie se calme, et je demande à être conduit aux rapides de Tamba, à trois lieues en amont de la rivière. Après une heure de *djinrikisha*, les conducteurs, en traversant le pont, voient la rivière si gonflée par les pluies qu'ils déclarent qu'aucun batelier ne voudra, dans ces conditions, se risquer sur les rapides. Je demande au moins à essayer.

Après bien des difficultés, la rivière ayant emporté plusieurs ponts et débordé partout, nous arrivons au point où finissent les rapides. Là, nous louons un bateau pour les remonter en partie. Trois hommes, attelés chacun à une ficelle, tirent le bateau en se frayant un chemin entre les rochers et les buissons de la côte ; un quatrième reste dedans avec nous. À un point donné, ils traversent le courant avec une habileté extraordinaire, empêchant, avec leurs longs bambous, le bateau de chavirer, puis ils nous tirent en suivant l'autre bord ; mais, les ficelles s'embarrassent dans les broussailles, et, à un moment donné, nous ne sommes plus retenus que par un brin d'arbuste, que le batelier serre entre ses mains. Imaginez-vous le *Paillon* arrivant dans sa fureur, et nous, le remontant sur un petit bateau.

Un garçon d'une douzaine d'années était le plus vaillant. Arrivés à un endroit où l'eau bouillonnait et tourbillonnait, je vois le danger sérieux et donne ordre de rebrousser chemin. La barque est emportée dans le tourbillon, et les vagues l'inondent ; mais les bateliers, par une rapide manœuvre, la dégagent en battant l'onde de leur bambou, et nous sommes emportés avec une rapidité vertigineuse vers notre lieu de départ. C'est bon pour ceux qui aiment les émotions ; je n'en étais pas plus fier !

Nous retournons déjeuner à l'hôtel ; et à deux heures nous partons pour Nara, à douze lieues de distance.

En traversant la ville, je demande partout où sont les missionnaires français : impossible de les découvrir ; on me conduisit chez le missionnaire américain. Enfin, après bien des détours, j'arrive au centre de la ville et à la maison du P. Villion.

Il était à la retraite à Osaka. Il paraît que ce père contredit les bonzes en public, les confond devant le peuple ; c'est pourquoi ceux-ci lui ont créé mille difficultés, et il est obligé de quitter le quartier.

Nos *djinrikisha* font deux lieues à l'heure, mais c'est l'équinoxe ; la pluie tombe toujours et les routes sont partout défoncées ; enfin, la nuit nous surprend quand il nous reste encore deux lieues à faire. C'est un miracle que nous n'ayons pas été culbutés dans quelque précipice, malgré les lanternes.

À Nara, je demande à prendre d'autres *djinrikisha* pour les douze lieues qui nous restent à faire le lendemain ; nos hommes étant fatigués, je craignais du retard ; mais la maîtresse de l'hôtel nous dit que, si elle cherche d'autres conducteurs, les premiers ne lui amèneront plus personne ; nous gardons donc nos premiers hommes.

Pendant qu'on nous prépare le souper, et qu'on examine notre passeport, un marchand d'antiquailles vient nous exhiber quantité de sabres et couteaux des anciens Daïmios et Samoraï. J'en ai acheté un, assez court pour entrer dans une malle ; il porte dans le fourreau le couteau du *harakiri*. On appelle ainsi le genre de mort que les Japonais se donnaient et se donnent encore en s'ouvrant le ventre. Cela se fait après quelque action d'éclat qui serait punie de mort. Par exemple : quelques Samoraï (hommes d'armes au service des Daïmios, seigneurs féodaux, ayant droit de porter deux sabres) vont tuerie Daïmio rival de leur maître ; ils font ensuite *Karakiri* en s'ouvrant le ventre. Cet usage tend à disparaître ; pourtant encore, l'an dernier, un sous-officier se présenta au palais du Mikado, et déposant une demande pour l'institution d'une assemblée nationale, il s'ouvrit le ventre, disant : le Mikado écoutera mieux la voix d'un mourant.

Enfin, le souper arrive assaisonné d'une bouteille de vin aigre que l'hôtelier *Jutei* m'avait fournie pour la bagatelle de 5 francs ; puis, nous dormons en paix.

Le matin, le sous-préfet ou magistrat des lieux vient nous chercher. Il a reçu ordre du gouverneur d'Osaka de nous faire visiter toutes les curiosités de Nara.

Cette ancienne capitale du Japon est située sur le penchant d'une colline, dans un endroit fort pittoresque, chanté par tous les poètes japonais. De son ancienne grandeur, il ne reste plus que ses temples. Le magistrat nous conduit d'abord au temple de *Kasuganomiya*, où, pour me donner une idée des cérémonies païennes, il nous a fait préparer une *Kaguva*, danse sacrée, amusement des dieux. Deux jeunes filles de quatorze ans, fort jolies, leurs beaux cheveux noirs et pendants, bouclés, avec un large cercle d'or, deux longs bouquets de fleurs sur la tête, en robes de couleurs éblouissantes, étincelantes d'or, tenaient d'une main un éventail, de l'autre un assemblage de grelots.

Les bonzes et bonzesses, accroupis dans un coin, commencent la musique. L'un tape sur le *taiko* (tambour), l'autre pince le *colo*, espèce de harpe posée à terre, un troisième joue du *fuye* (flûte), un autre frappe sur le *tuzamé* autre sorte de tambour plus large.

Le chef entonne une chanson et bat la cadence que les danseuses suivent en gestes gracieux de leurs pieds et de leurs bras. Tantôt elles agitent les grelots, tantôt déploient l'éventail.

La danse, chez tous les peuples, a toujours été une manière de témoigner la joie, et parfois la vénération.

Chez les Hébreux, le grand roi David dansa tellement devant l'arche, que Michol, sa femme, se moqua de lui, et en fut punie.

Nous traversons un vaste et beau parc qui descend le versant de la montagne ; il est rempli de cerfs sacrés qui viennent gracieusement nous demander à manger. Pour un sou, on nous vend des gâteaux et des boulettes que ces charmantes bêtes prennent dans nos mains et nous suivent jusqu'au grand *Daï-Butzu*.

C'est la plus grande statue de Buddha qui se trouve au Japon. Elle mesure environ quinze mètres de haut. Le dieu est assis sur une fleur de lotus. Le tout est en bronze, de belle physionomie et proportion ; on dit que l'ouverture du nez mesure un mètre de large.

Dix-sept autres Buddhas plus petits entourent le Daï-Butzu qui a, à droite et à gauche, deux autres statues de proportion encore colossale. Les pèlerins se succèdent sans cesse à ce temple.

Outre les Buddhas, on voit là encore un musée ou exposition permanente de vieux bronzes, vieux meubles, armes, reliques de toutes sortes. Quelques objets sont curieux et fort anciens. Nous visitons deux autres temples et rentrons à l'hôtel pour déjeuner. J'invite le sous-préfet à partager notre repas. Celui-ci et mon interprète se font maintes cérémonies pour s'offrir le *Saki*. Après le repas, ils se prosternent cinq ou six fois jusqu'à terre.

Nous partons pour Osaka, visitant un dernier temple et une pagode sur notre chemin. Les routes continuent à être défoncées et les ponts emportés. Nous passons en barque les rivières, et nous traversons une montagne sur laquelle nos *djinrikhisa* ont bien de la peine à hisser leur voiture vide.

Après avoir échappé aux éboulements et aux précipices, nous arrivons dans la plaine détrempée d'eau. Au lieu de deux *ris* ou lieues, nous ne faisons qu'un *ri* à l'heure. Nos *djinrikisha* sont de bonne humeur et ne font que rire dans les difficultés, là où nos voituriers ne feraient que blasphémer ; enfin, bien avant dans la nuit, nous arrivons à Osaka, où nous soupons et passons la nuit.

23 Septembre.

Le lendemain, mon interprète arrive et m'apprend que c'est aujourd'hui le Shiu-ki-korei-saï, grande fête du Japon pour l'automne ; fête de je ne sais quel empereur ou impératrice, ancêtre du Mikado, et que toutes les fabriques sont en repos. En effet, tout le monde est en habit de fête.

Nous visitons l'ancien château entouré d'une double enceinte de grosses pierres de granit superposées sans ciment ; j'en admire quelques-unes de cinq mètres de haut, dix mètres de long, deux mètres d'épaisseur. On ne comprend pas comment l'homme a pu remuer de telles masses sans le secours de la mécanique.

Du haut du donjon, on jouit d'une belle vue sur toute la ville. Le palais qui existait ici pour le *Taïcoon* a été brûlé, il y a quatorze ans, à l'occasion de la dernière révolution.

J'aurais voulu visiter l'arsenal, la Monnaie, une fabrique de verre, une de papier, une d'indigo, mais tout est repos à cause de la fête.

Je me rends à la Monnaie pour remercier le Directeur, et je me fais conduire au cimetière où je voulais voir la crémation. Mon interprète parle avec le concierge qui lui dit qu'on vient d'introduire le cadavre d'un homme mort d'une maladie contagieuse, fort redoutée au Japon ; à son seul nom, mon interprète se sauve et je m'avance seul. Je vois une construction en briques surmontée d'une grande cheminée ; le gardien me barre la porte avec un bambou. Je rebrousse chemin et j'arrive à la gare pour le départ.

À midi, je suis à Kobé, où je trouve le consul français arrivant de Yokohama et m'apportant une lettre de France. Le père Chatron me donne une grammaire et un dictionnaire japonais. Je dîne et je pars pour Arima, dans les montagnes, à sept lieues de distance.

Mes *djinrikisha* font des prodiges dans les routes défoncées. À sept heures et demie, j'arrive chez le bonze Kiumiz auquel le père Chatron m'a adressé. À huit heures, je prends un bain dans une eau salée et chaude à quarante degrés, assez semblable à celle de Royat en Auverge ; aussi, après deux jours d'essai, je la trouve irritante et je suspends les bains.

Pas de pain, pas de serviette, pas de draps ; la nuit, beaucoup de puces, mais elles sont discrètes : elles font leur repas et se retirent. Pas un seul Européen. Je parle par signe, ou je cherche dans le dictionnaire, ou je dessine l'objet que je demande ; au reste, les gens sont gracieux. La bonzesse, derrière sa coulisse, n'a cessé de se plaindre toute la nuit. Le matin, je lui ai donné le remède Mattei *anti-scrofoloso ;* elle est guérie et me remercie. Le petit bébé bonze, de deux ans, est mon ami ; le chat sans queue, comme tous ses compagnons ici, bouleverse mes papiers ; les poules montent sur ma table.

Le paysage est magnifique : belles montagnes couvertes de gazons et de forêts, vallons gracieux ; mais, tous les jours vent ou pluie diluvienne. Enfin, j'ai pu finir mon journal, mais vous suppléerez aux mots qui auraient pu rester à la plume, aux phrases mal tournées, aux mots indéchiffrables. Adieu à tous.

28 Septembre 1881.

Je trouve que les bains d'Arima irritent mon système nerveux ; d'autre part, ma solitude dans ces montagnes n'était pas sans quelque danger. Les trois premières journées de mon séjour, pluie continuelle : je passais huit heures par jour à écrire ; les deux autres jours, le temps devint beau. Je parcours la montagne : nature splendide, cours d'eau, cascades, forêts de bambous et de sapins, points de vue admirables, population simple, bonne, sympathique.

On fabrique à Arima des pinceaux pour l'écriture japonaise, et toutes sortes de petits paniers en bambou.

À mon retour, je change de route ; je pars à une heure de l'après-midi ; je gravis à pied, pendant une heure et demie, la montagne. Sur la cime, je reste extasié à la beauté du coup d'œil sur la mer.

Après quatre heures et demie de marche, toujours admirant, à la descente, la grande et belle baie de Kobé, j'arrive à la station de Samiyoshi, et à six heures du soir, j'étais à l'hôtel des Colonies à Kobé, où je retrouve M. Cotteau qui vient d'arriver de Tokio, par le *Tokaido* (voie de terre), avec dix-huit jours de *djinrikisha.*

Les pluies ayant gonflé les rivières, et le typhon ayant emporté les ponts, il a dû attendre plusieurs jours au bord des fleuves. Une fois, il fit remarquer à son guide que l'eau s'était retirée du bord, que le niveau, par conséquent, avait baissé et qu'il fallait tenter le passage. Le guide riposta : vous arrivez à peine dans notre pays, vous ne pouvez le connaître, et devez vous en rapporter à moi qui ai l'expérience ; l'eau a baissé aux bords, mais elle n'a pas baissé au milieu.

Le jeudi, 29 *septembre*, je me repose.

Le vendredi, 30 *septembre*, je visite ici une belle fabrique de papier appartenant à une compagnie américaine. Le papier fait avec des chiffons, selon la méthode européenne, sort en large rouleau sans fin ; une machine le découpe à la sortie. Puis, je me rends au club anglais : jardin magnifique, pelouse verte, belles salles de lecture ; d'un côté est le *Criket-ground*, que les Anglais portent partout, et de l'autre le *Rowing-club* rempli de petits et de grands bateaux de toutes formes. L'Anglais aime l'exercice du corps et, en cela, il est le plus sage et le plus sensé de tous les peuples.

Le maître d'hôtel me conduit aussi visiter une fabrique de thé. Cinq cents jeunes filles chantent et tournent rapidement, par un pénible mouvement du bras, les feuilles de thé dans les chaudrons chauffés à sec pour le griller. Ailleurs, des Chinois mêlent une composition d'indigo et de chaux qui, mélangée avec les feuilles tournées dans ce but dans des chaudrons à froid, leur donne la couleur noire du thé de Chine. Jusque-là les Chinois, qui dirigent tout ce travail, nous laissent visiter librement ; mais, lorsque nous pénétrons dans le magasin et que nous inspectons les nombreuses balles de feuilles de thé vert, non encore préparé, ils nous prient de sortir.

On dit que ce thé, de qualité inférieure, est apporté de Chine, préparé ici et exporté en Europe, et surtout en Amérique, comme le meilleur thé du Japon. Le thé, sorti des chaudrons, grillé et colorié, est passé dans des tamis pour le purger de la poussière ; celle-ci sert à faire une teinture jaune.

1er Octobre.

La température s'est rafraîchie tout à coup ; on se croirait aux pieds des Alpes. Je visite, non loin de Kobé, un temple près duquel on nourrit et on vénère un cheval blanc aux yeux rouges, comme certains de nos lapins, et je pousse plus loin à une belle cascade qui tombe de trente mètres de haut ; mais on ne peut y arriver sans traverser sept ou huit maisons de thé, dans lesquelles on vous prend par le bras pour vous inviter à vous asseoir et à acheter quelques consommations.

Avec monsieur Cotteau nous prenons le chemin de fer et allons une dernière fois à Osaka. Là, nous parcourons l'arsenal dans lequel on fond de beaux canons de bronze et on fabrique des fusils à aiguille, d'après un système inventé par un Japonais. De grandes et belles machines viennent d'arriver d'Allemagne pour la construction des canons du plus gros calibre.

En nous rendant au Château, nous voyons la troupe manœuvrer d'un air assez martial. Nous visitons l'Hôtel-Monnaie qui est, en petit, celui de San-Francisco, et pénétrons dans une fabrique d'indigo.

L'indigo est largement cultivé dans tout le Japon. La plante est séchée, triturée, mise en cuve pendant longtemps, réduite en pâte et finalement en cette belle poudre bleue qu'on nous vend si cher en Europe. Ici, elle sert à teindre toutes les étoffes.

Nous parcourons le marché et, après avoir pris un verre de bière de Christiania, nous rentrons à midi à Kobé. Là, nous achetons encore des photographies, fermons nos malles ; et, à minuit, nous prenons le bateau qui, dans deux jours, doit nous conduire à Nagasaki et dans cinq jours à Shangaï. Il est probable que je ferai ce voyage avec monseigneur Ridel, évêque de Corée, qui se rend à son poste.

Adieu, Japon ! et maintenant, au céleste Empire !…

CHAPITRE VII

La mer intérieure – Nagasaky – La vallée d'Urakami – La mer jaune – Les typhons – Le Voosung – Arrivée à Shangaï

Sur le Tokio-Maru, Samedi, 1er Octobre 1881.

À onze heures du soir, nous quittions Kobé et nous montions sur le navire le *Tokio-Maru*, de la Mitsu-Bishi ; je dis : nous montions, car monsieur Cotteau, qui vient de traverser la Sibérie, était avec moi. Le navire est à deux roues, large et court, avec trois rangs de cabines, comme les navires des rivières américaines. Toutes les places sont prises. Outre les ministres protestants, leurs femmes et leurs enfants et quelques négociants, cinquante étudiants chinois, qui reviennent des collèges d'Amérique, encombrent les premières. Monseigneur Ridel, évêque de Corée, qui se rend à Nagasaky, a pu partager une cabine avec un juge anglais de Shangaï. Je prends donc une banquette de *Smoking-room* (salon à fumer), et j'y dors assez bien malgré la dureté de la couche.

Le 2 octobre, à cinq heures du matin, le navire se met en mouvement, et une heure après il est en pleine mer intérieure. Cette mer est enfermée entre les trois grandes îles de *Nippon, Kiosiu* et *Sikiou*, parsemée de milliers d'autres îles de toutes formes et de toutes grandeurs ; quelques-unes portent des montagnes coniques qui furent des volcans. Partout une belle verdure, un ciel bleu comme celui de Nice ; mais l'eau de la mer est verte et un peu trouble.

À tout instant, la scène change et devient de plus en plus admirable. Tantôt on se croirait dans le lac de Garde ou de Constance, tantôt on passe par des détroits qui sont de vrais labyrinthes ; la voie semble barrée de tous côtés ; mais, au détour d'un petit cap, on aperçoit l'ouverture qui va nous dégager. Hier soir et ce matin, à un certain passage, les jonques se comptaient par centaines, et avec leur voile déployée comme un grand drap de lit, semblaient étaler dans le lointain les bannières d'une longue procession.

Un des passagers nous fait remarquer que nous en avons cent à droite et cent à gauche ; si c'étaient des pirates ! Nous en rions, car les pirates ne peuvent rien contre les grands steamers ; mais, depuis assez longtemps, ils dévalisent les jonques et les navires à voile, dans les environs de Nagasaky. On venait d'arrêter, à Tokio, quelques-uns des recéleurs qui n'étaient autres que de grands marchands.

Pendant qu'hier soir nous admirions les côtes et les innombrables petites îles, comme celle de Capri, avec leur culture en terrasse, le ciel devint lui-même encore plus admirable ; le soleil allait disparaître derrière les hautes crêtes, et les nuages, de mille nuances, barbouillaient tellement le firmament qu'on aurait dit qu'un enfant gigantesque s'était amusé à passer par là les divers pinceaux et couleurs de son père. Si un peintre venait à copier une telle vue, jamais on ne croirait à la réalité.

Le 3 *octobre*, à cinq heures du matin, le navire ralentit sa marche ; il entre dans la passe tortueuse de Simonasaki et s'arrête devant cette ville, dans une charmante petite pièce d'eau, entourée de villages, de manufactures et parsemée de jonques de toutes grandeurs. Les passagers les plus matinals éveillent les autres et tous viennent admirer un si beau spectacle. Plusieurs Japonais descendent à cet endroit ; je demande à aller à terre, car le navire s'arrête une heure ; je ne le puis sans un passeport spécial.

À sept heures, on reprend la route, toujours tortueuse, au milieu des îles, mais auparavant nous avions joui d'un splendide lever de soleil, et avions un peu ri en voyant un marchand de fruits et comestibles en bateau qui, pour arriver à faire passer ses marchandises aux Japonais qui les demandaient du haut de notre steamer, avait fait un filet comme celui qui sert aux enfants pour attraper les papillons, et l'avait fixé au bout d'un bambou long de six mètres.

En ce moment, les jeunes Chinois jouent du piano, chantent, fument, rient et conservent leur vêtement américain, tout en gardant leur longue queue. À mesure que nous approchons des côtes de Chine, quelques-uns commencent à revêtir leur costume national en belle étoffe de soie.

Quatre jolis cerfs sont au nombre des passagers ; j'ignore leur destination ; deux ont déjà de belles cornes ; elles commencent à pousser aux deux autres. Ce soir, vers les dix heures, nous serons à Nagasaky ; là, je compte trouver un lit à l'hôtel, car la nuit dernière, j'ai encore eu la même dure couche qu'avant hier.

Nagasaky, 3 Octobre 1881.

À sept heures et demie, nous passons devant le *Papenberg*, rocher du haut duquel, il y a deux siècles, des milliers de chrétiens ont été précipités à la mer. Vers huit heures du soir, nous entrons dans la rade de Nagasaky. Le canon se fait entendre, nous sommes arrivés. À huit heures et demie, nous étions à l'hôtel Bellevue où nous attend enfin un bon lit.

Le matin à six heures, de la véranda, j'admire le beau panorama de la rade. Elle est couverte de navires et entourée d'une ceinture de collines vertes qui s'élèvent en amphithéâtre. Sur les bords, s'éparpille la ville japonaise qui compte quatre-vingt mille habitants. C'est toujours la même nature riante et variée qui est la caractéristique du Japon.

À six heures et demie, je me rends à l'église. Elle est derrière l'hôtel, sur le penchant de la colline. Entourée d'arbres et dominant la rade, elle occupe une position admirable. À côté, est la maison de monseigneur Petitjean et des Pères des missions étrangères qui sont là, au nombre de huit à dix. Au-dessus est le séminaire où cinquante jeunes Japonais se préparent à la prêtrise.

Après le bain et le déjeuner, un des Pères me conduit à travers la ville jusqu'à la montagne des Martyrs. C'est une petite élévation située à deux ou trois cents mètres du lieu des exécutions ordinaires. C'est là que vingt-six martyrs ont été crucifiés, il y a environ deux cents ans. À ce même endroit, on vient d'élever un petit monument qui couvre les têtes de plusieurs milliers de rebelles vaincus, il y a trois ans, dans la révolte de Satsuma.

C'est là aussi que le gouverneur de la Province avait érigé son tribunal et forçait les chrétiens à apostasier. Cent vingt-neuf, qui n'avaient pas voulu renoncer à leur foi, furent attachés à des poteaux et brûlés sous ses yeux.

Nous poussons jusqu'à l'endroit des exécutions. La potence y est établie d'une manière fixe et permanente. La mort a lieu par pendaison ; lorsque le patient a reçu sa toilette, une trappe tombe au-dessous de lui et le laisse suspendu en l'air jusqu'à ce que mort s'ensuive.

Nous revenons sur nos pas et entrons dans la vallée d'Urakami, dont les villages sont occupés en grande partie par d'anciens chrétiens.

En parcourant ces villages, on voit de loin les enfants se ranger pour attendre et saluer le *Père* à son passage. Ils ne sont jamais nus : les femmes portent une chemise serrée au cou, et les hommes un petit pantalon. On peut, à ce signe et à leur digne contenance, les distinguer facilement des païens qui vivent à côté d'eux, et qui sont généralement nus.

Pendant que le Père m'explique toutes ces choses, nous arrivons au village de Motawo, dont l'église est desservie par le Père Puthod, jeune prêtre de Chambéry.

Il n'est pas à la maison ; il est allé célébrer la messe dans un village voisin et faire la conférence aux Catéchistes.

Pendant que nous allons à la rencontre du Père, nous recueillons sur le chemin des graines de thé que mon jardinier sèmera, et des graines de l'arbre à cire. C'est une espèce d'acacia dont la graine pressée donne un suc qui remplace la cire. Les familles japonaises en recueillent et en pressent assez pour faire chacune les bougies nécessaires à leur usage.

Nous rejoignons le Père et nous dînons avec lui à Notawo.

Nous regagnons Nagasaky où, après une visite au bazar, nous venons au bureau du navire demander l'heure du départ. Il était quatre heures, et l'affiche marque le départ pour quatre heures. Je prie un des Pères de prendre un bateau et d'aller au navire dire qu'un passager en retard va arriver. Je cours à l'hôtel, jette pêle-mêle dans mon sac ce que je trouve et je n'oublie qu'une flanelle. Je réclame ma note ; et, sans l'attendre, je donne l'à peu près des dépenses et cours sur un bateau pour rattraper le navire dont la cheminée fume.

J'arrive plus qu'à temps ; on nous fait attendre la poste, puis les papiers de l'administration, et nous ne partons qu'à six heures, en admirant encore une fois la belle rade, par un merveilleux coucher du soleil.

3 Octobre.

J'ai passé ma nuit sur la dure banquette du fumoir ; j'écris ces lignes de grand matin ; la mer est calme comme un lac, le soleil se lève radieux, le bruit recommence à bord : les enfants courent ou pleurent ; j'arrête ici ma lettre.

J'avais oublié de dire un mot de la fête des morts. Elle a lieu tous les ans, en juillet, à Nagasaky, et dure trois jours. Les indigènes croient que, durant ces trois jours, les morts reviennent leur tenir compagnie. Ils illuminent tous les tombeaux éparpillés sur la colline, font une fête au cimetière où ils offrent un repas sur la tombe, se réunissent en famille ; et, la troisième nuit, à minuit, viennent au bord de la mer, où chaque famille dépose un petit navire bien orné de banderoles, et illuminé de lanternes vénitiennes. Ce sont les navires par lesquels les âmes rentrent dans l'autre monde, en passant le grand fleuve.

Embouchure de la rivière Woosung,
6 Octobre, 3 heures du soir.

La journée d'hier, 5 octobre, s'est passée sans incidence. La mer était calme et d'un beau bleu. Mais vers le soir, les officiers du bord aperçoivent à l'horizon un navire démâté, et le capitaine donne ordre de se diriger vers lui, pour lui porter secours, si c'est nécessaire. Nous nous détournons de notre route et naviguons au sud. Deux heures après, nous voyons un brick qui ne conservait plus qu'un bout de mât, au moyen duquel il avait encore pu déployer quelques voiles. On parlemente, et on apprend que c'est un voilier allemand, parti d'Amoy pour Wladiwostoch. Le typhon du lundi, 26 septembre, l'avait surpris en route et démâté ; il retournait à Amoy pour les réparations. Nous avions déjà vu à Nagasaky des arbres renversés et des jonques échouées. Les journaux nous apprennent qu'en Chine, ce même typhon avait emporté des villages entiers. La pluie diluvienne survenant, les rivières charriaient les morts, et les chaloupes de guerre, envoyées par le gouvernement, les ramassaient par centaines. Quelle terrible chose que ces

71

typhons ! Celui du 14 septembre, que j'ai senti à Tokio, a fait aussi sur son passage d'horribles ruines. Partout ce sont des ponts emportés, des villages renversés, des arbres déracinés. Les jonques et les navires jetés à la côte sont en grand nombre. Tous les journaux multiplient chaque jour les récits de nouveaux sinistres ; tantôt l'équipage a été sauvé, tantôt perdu. Un clipper, qui était arrivé sans malheur de Liverpool, a été brisé sur les rochers du Japon, qu'il voyait pour la première fois. Un grand navire de la *Mitsu-Bishi* a été poussé contre un cap et brisé en deux.

Ces typhons n'ont lieu qu'à l'équinoxe, ordinairement du 18 au 30 septembre. Plus heureux, nous avons eu une navigation tranquille ; on pourrait se croire sur un lac.

Mais déjà nous avons aperçu hier, dans la brume, une des îles de la Corée. Ce matin, nous avons passé les îles Suldler, et peu après, la belle couleur bleue de la mer est devenue noire, puis verte, puis jaune, puis rouge.

Les navires se montrent par vingtaines, de tous côtés. Nous sommes à l'embouchure de la rivière bleue ; elle est large ici de plusieurs lieues, et nous ne pouvons en apercevoir les bords. Mais peu à peu des arbres se dessinent dans le lointain. La sonde est jetée sans discontinuité ; elle marque presque toujours dix brasses ; nous entrons dans l'affluent, le Woosung, qui conduit à Shangaï. Tous les étudiants chinois revêtent ici leur costume national, ce qui les fait paraître un pied plus grands ; c'est l'élite de la jeunesse chinoise. Ils ont été choisis parmi les premiers numéros dans les examens de concours par tout l'empire.

Tout le monde prépare ses paquets ; nous sommes en Chine ! Voilà le fort de Voosung. Nous rencontrons deux navires de guerre français. La marée est basse, le *Tokio-Maru* jette l'ancre. Un petit vapeur vient nous prendre pour nous faire passer à Shangaï une meilleure nuit.

J'ai déjà dépassé la moitié de ma course, et maintenant je me rapproche de vous. Ma prochaine lettre vous parlera de la Chine, et plus tard, je vous écrirai des Indes. Dieu, qui m'a conduit jusqu'ici, me conduira jusqu'à la fin, et me ramènera auprès de vous en bonne santé.

Que de longs récits j'aurai à vous faire au boulevard Carabacel !

CHAPITRE VIII
Shangaï – Les Concessions européennes – Zi-ga-Way – La mer Jaune

Le jeudi, 6 *octobre*, vers quatre heures du soir, j'abordai à Shangaï. Ma première visite fut pour la Poste et le Consulat, où j'ai trouvé les lettres de ma famille et de mes amis.

Après le bain et le dîner, je parcours la Concession française : quelques maisons européennes, beaucoup de maisons chinoises, partout de grands établissements pour les fumeurs d'opium. J'en visite un ; la plupart des Célestiaux sont plongés dans le sommeil léthargique, qui leur procure de beaux rêves.

Le lendemain, grande fête pour l'Empire Chinois ; c'est la fête d'automne ; tous les habitants chôment. Pour moi, je vais visiter les églises et entendre la messe, à côté de l'hôtel. À droite sont les femmes, à gauche, les hommes. Quelques-uns font leur prière à haute voix, avec une cantilène à se boucher les oreilles. Le prêtre, à l'autel, est habillé en chinois, avec un bonnet à ailes pendantes, et les servants portent un chapeau de mandarin couvert de longs poils rouges.

Je passe à l'établissement ; les Pères sont tous habillés en chinois, et paraissent fort drôles avec leur queue très mince, comparée à la belle queue des indigènes ; ils l'allongent avec de la soie. Le supérieur me fait visiter la maison ; elle comprend un externat de cent dix élèves de toute nationalité : Anglais, Américains, Français, Hollandais, Portugais, Malais, Allemands, etc. La langue qu'on leur apprend est l'anglais ; c'est la langue européenne parlée de préférence dans tout l'extrême-Orient.

Je fais une visite aux Pères Lazaristes qui ont ici une Procure. Le procureur, le Père Meugnot, m'accueille avec beaucoup de bonté ; nous avons des connaissances communes en France.

Je me rends ensuite aux principales maisons de commerce, pour lesquelles j'apportais des lettres de recommandation. Monsieur Bell me retient à dîner et me présente à sa femme et à deux autres messieurs, dont l'un, M. Fearon, est le frère de madame Frazer, jeune femme avec laquelle je m'étais trouvé, durant le trajet de San-Francisco à Yokohama. Madame Bell a ici un garçon de quatre ans, et quatre autres en éducation à Londres. Elle est à Shangaï depuis treize ans ; mais, chaque trois ou quatre ans, elle va revoir ses parents en Angleterre. Elle fait les honneurs de sa maison avec une grâce charmante.

Le dîner et le service sont princiers ; par là, les commerçants se dédommagent un peu de la triste situation qu'ils subissent au milieu de la saleté chinoise.

Les Français, ici, comme presque partout à l'étranger, sont la plupart coiffeurs, boulangers, cuisiniers, hôteliers.

Le Père Tournade me conduit en voiture à Zi-ga-Way, à dix kilomètres dans la campagne. La route est bordée de cercueils posés sur le sol et de tombeaux formés de pyramides de terre. Les cercueils sont en bois, épais de dix centimètres, bien travaillés, souvent sculptés et dorés ; ils coûtent de dix à cent piastres ; (la piastre vaut 5 francs).

Chaque Chinois tient à avoir son cercueil et se le procure avant sa mort : Un fils bien élevé fait cadeau à son père d'un beau cercueil. Comme ils sont hermétiquement fermés, ils ne présentent pas de danger pour la santé publique, et on les laisse sur la route quelquefois des demi-siècles ; on attend d'en avoir un grand nombre pour plus de solennité dans les funérailles.

Dernièrement, le père Tournade fut invité par une famille chrétienne à une cérémonie de ce genre. Il y avait huit cercueils : les grands-pères, grand-mères, etc., que personne des survivants n'avait connus.

Les parents font de grandes lamentations ; ils rappellent l'âme des morts : « Reviens à nous, disent-ils avec d'abondantes larmes, nous te soignerons bien, nous te ferons de beaux habits. »

Les païens mettent toujours sur les cercueils des papiers d'argent en forme de lingots, afin que le mort puisse payer le passage de tous les fleuves, dans le grand voyage.

Lorsque le cercueil est déposé dans une fosse, on élève dessus une pyramide en terre plus ou moins grande ; la campagne en est couverte.

À un certain endroit, nous voyons des débris de statues ; ce sont les ruines du tombeau d'un célèbre mandarin qui vécut, il y a deux ou trois siècles, et qui fut converti au christianisme. Dix ans après sa mort, il fut condamné à la décapitation. C'est la plus grande infamie qu'on puisse subir en Chine, d'être ainsi décapité après la mort.

Dernièrement un Jésuite, depuis longtemps sous terre, fut décapité ; mais la famille du mandarin avait été plus habile : elle avait construit, pour son illustre membre, vingt-cinq grands tombeaux en diverses parties de l'Empire ; elle avait ainsi soustrait le corps et dépisté les autorités.

Par-ci par-là, nous remarquons certaines baraques à volets fermés ; ce sont des fumeurs d'opium ; il leur faut l'obscurité.

Nous apercevons aussi deux camps de soldats chinois, et dans le lointain une célèbre pagode à plusieurs étages. À une certaine distance se trouve, sur une colline, un pèlerinage renommé, où les chrétiens accourent tous les ans par milliers.

Mais nous voici à Zi-ga-Way.

C'est un ensemble d'établissements qui se sont développés peu à peu.

Au centre est un couvent de Carmélites venues de Laval. Il paraît qu'elles remplissent bien leur mission.

Zi-ga-Way réunit huit cents personnes. D'un côté sont les garçons : trois cents apprentis et cent étudiants parmi lesquels plusieurs païens.

Avec les petits sous de nos enfants de France, on ramasse ici des milliers de bébés dans les champs, dans les rues ; mais, maintenant, ils sont le plus souvent apportés par les parents même aux établissements catholiques.

En général, ce sont des estropiés, bossus, aveugles, boiteux, ou des filles, dont les Chinois se débarrassent presque toujours ; peu survivent ; ceux qui paraissent forts sont mis en nourrice, moyennant trois francs par mois, ou sont nourris au biberon. Quand ils sont un peu grands, ils entrent à l'orphelinat, fréquentent l'école et, vers huit ou dix ans, on les met dans un atelier.

À Zi-ga-Way, il y a des ateliers de menuiserie, de sculpture et de peinture, de cordonnerie chinoise, de tailleurs, de lithographie et d'imprimerie européenne et chinoise.

J'ai vu faire à ces jeunes enfants de magnifiques statues en bois. Ils copient aussi sur toile, avec une exactitude remarquable, les tableaux de Raphaël et autres grands maîtres. Très forts pour l'imitation, ils le sont moins pour l'invention.

À l'imprimerie, j'ai vu tirer un journal hebdomadaire chinois à un sou.

Les Pères ont traduit Confucius en latin. L'ouvrage porte en regard le texte chinois. Le tout donne cinq beaux volumes in-8°. On reprochait aux Jésuites de ne plus faire rien de sérieux, contrairement à ce que leurs Pères avaient accompli ici dans les siècles passés : c'est pour répondre à ce reproche que vient de paraître ce travail remarquable.

Les Chinois impriment au moyen de planches stéréotypiques gravées sur bois des deux côtés. Ce système est employé à Zi-ga-Way, mais là on se sert aussi de caractères mobiles en plomb, et pour eux les cases sont innombrables ; les caractères chinois étant au nombre de plus de quatre-vingt mille, il faut en connaître au moins cinq mille pour savoir un peu lire.

Les cordonniers collent et recollent toutes sortes de vieilles toiles pour les semelles des souliers chinois ; elles ont deux centimètres d'épaisseur ; le dessus du soulier est en soie noire.

Nous passons au compartiment des filles. Elles sont quatre cents confiées à la direction des Sœurs. Ces religieuses ont un pensionnat qui compte cent élèves, dont quelques-unes encore païennes.

Les parents viennent, vers l'âge de sept ans, leur plier et casser les quatre petits doigts des pieds, ne laissant libre que l'orteil ; et ils leur serrent les pieds de manière à les empêcher de croître. Une femme, sans les petits pieds, ne trouve pas à se marier. Ces pauvres enfants souffrent, pâlissent, contractent des plaies, des maladies, et quelquefois elles en meurent ; en tout cas, elles restent estropiées pour la vie et marchent comme des canards. Les orphelines sont exemptes de ce martyre.

Les filles s'occupent de divers métiers, mais elles sont plus spécialement vouées au travail du coton. Elles l'égrènent, le cardent, le filent et le tissent. Elles font aussi de belles broderies de soie. Il n'y a pas de travail, difficile ou compliqué, qu'elles n'arrivent à imiter parfaitement ; mais si on ne les prévient, elles copient aussi bien le défaut qui pourrait se trouver au modèle.

Les plus sages, parmi les jeunes filles orphelines, sont dressées comme catéchistes, et on leur apprend la médecine. On les établit deux par deux dans les villages ; elles y font l'école, soignent les malades, surtout les enfants. Elles forment déjà ici une congrégation de quarante membres.

Celles qui sont appelées au mariage, épousent les orphelins ; il y a déjà deux villages chrétiens autour de Zi-ga-Way. Les Pères donnent du travail à toutes ces familles.

Nous nous rendons à l'observatoire qui est un des plus complets du monde. Un Père français et un hollandais y consacrent tout leur temps. Leurs observations et leurs écrits sont prisés dans le monde savant. Ils venaient d'installer un magnifique météorographe, arrivé de Paris. Ils prévoient facilement les typhons, et en donnent avis aux navigateurs qui en tiennent compte. Un appareil fort ingénieux, placé dans une chambre obscure, au moyen de la photographie, cherche à pénétrer les mystères du magnétisme.

À la nuit, je rentre à Shangaï, à l'hôtel des Colonies, bien content de ma journée.

Le 8 octobre, le père Lazariste se fait mon *cicerone*, et me conduit à la Concession américaine visiter l'hôpital tenu par les Sœurs de Saint-Vincent de Paul. C'est plutôt une maison de santé.

En première classe les malades ont une chambre séparée et payent trois taëls par jour (20 francs environ), soins, nourriture et médecin compris (la visite d'un médecin coûte ici 5 taëls, environ 35 francs). À la seconde classe on paye moitié moins, mais on est dans de petites salles à plusieurs lits. J'ai vu là des malades de toutes les nations ; plusieurs avaient eu le choléra, et les survivants avaient été guéris par des injections de quinines dans les veines.

Nous passons au compartiment des Chinois et arrivons aux fumeurs d'opium. Il y en a qui n'ont pas encore vingt ans et qui sont déjà énervés par ce poison. Ils le fument pour faire de beaux rêves et recevoir une énergie factice ; mais, après un certain temps, ils perdent l'appétit et languissent ; on les guérit par l'*assa fœtida* et le quinquina, mais la guérison est plus difficile si, au lieu de fumer l'opium seulement, ils le prennent aussi en boisson. Cette drogue est fort chère : elle coûte 200 francs le kilogramme ; en sorte qu'elle ruine, non seulement la santé, mais aussi la bourse.

À côté de l'hôpital, la pharmacie des Sœurs a une porte qui donne sur la rue, et une antichambre où les Chinois viennent tous les jours en grand nombre faire soigner leurs plaies et recevoir des remèdes.

Les Sœurs font tout cela gratuitement, et de plus, elles accueillent et soignent les plus malades dans une grande salle qui en contient une quarantaine. Elles n'ont aucune allocation pour ce service volontaire ; elles y emploient leur superflu et les aumônes qu'elles recueillent ; les lits sont toujours tous occupés ; ils le seraient même si on en avait des centaines. Une Sœur chinoise assiste ses nationaux avec beaucoup de dévouement.

Au sortir de l'hôpital, je me rends au Comptoir d'escompte de Paris chercher de l'argent. On me propose la monnaie du pays : des lingots d'argent deux fois gros comme le poing. La monnaie nominale est le *taël*, qui vaut en ce moment 6 francs 44 centimes, mais elle n'a jamais été frappée. Je suis donc obligé de prendre un carnet de chèques ; mais je ne sais combien j'ai, parce que le taël varie de valeur selon les provinces.

Impossible de porter de la petite monnaie du pays ; une piastre (5 francs) vaut 1140 sapèques, de quoi charger un homme ; il faudra que dans les diverses villes, je vende mes chèques à des banquiers chinois contre la monnaie qui aura cours dans ces villes. À Shangaï, le prix du taël varie chaque jour et le mandarin vient d'émettre une proclamation pour en défendre la spéculation.

Après midi, je vais rendre visite à monsieur Bourré, ministre de France à Pékin. Il est encore à table et ne peut me recevoir. Alors, je vais visiter la ville indigène.

Elle est entourée de grandes murailles crénelées.

Aux portes, on expose les pauvres prisonniers avec la cangue. Les rues sont étroites comme à Venise, mais sales et mal pavées ; les maisons sont en bois et enfumées ; le rez-de-chaussée est occupé par des magasins de toutes sortes.

Les restaurants étalent des comestibles peu appétissants : il faut boucher son nez. On vend des œufs salés de canard, si noirs qu'on les dirait pourris, et des poissons littéralement corrompus. Le Chinois trouve tout cela bon pour assaisonner son riz.

Je ne sais où dorment les gens, où résident les femmes qu'on ne voit presque pas.

Dans quelques rues, on voit un âne dans chaque magasin ; il paraît qu'il doit tourner certaines manivelles.

Nous traversons plusieurs pagodes : elles ont toutes un four à côté. Les Chinois y brûlent les lettres qu'ils écrivent à leurs parents décédés.

Dans les endroits où il y a un peu de place, des jongleurs avalent toute sorte de choses et attirent les curieux.

Dans les maisons de thé, je ne vois pas fumer l'opium ; l'autorité chinoise le défend là où elle a juridiction.

Nous sortons de la ville et, après une demi-heure de marche dans le faubourg, nous arrivons à la cathédrale. Elle est solidement bâtie en briques et entourée de vastes bâtiments avec portiques ; là les Pères ont un petit séminaire avec quinze élèves et un externat avec deux cent cinquante écoliers ou écolières, car il y a deux mille chrétiens autour de la cathédrale. Le Père supérieur, qui est napolitain, nous fait visiter la maison.

Nous rebroussons chemin et arrivons à la rivière où je prends une barque qui me conduit au vaisseau-amiral la *Thémis ;* j'y voulais rendre visite à l'amiral Duperré, mais il était à terre.

9 Octobre. Ce matin, à neuf heures, notre petit vapeur de la Compagnie chinoise lève l'ancre ; et, me voici avec M. Cotteau, redescendant le Wang-poo, branche du Yang-tzé-kiang ou rivière bleue, qui est toute jaune.

Bientôt, nous quittons le Wang-poo et nous entrons dans la grande rivière. C'est la plus importante de Chine ; elle descend du Thibet, et arrive ici après 3 314 milles (environ 5 000 kilomètres) de parcours dans le Céleste Empire.

La rivière est parsemée de navires de guerre et de grands navires marchands, de toute nationalité. Les *mails-steamers* anglais et français sont plus grands que les navires de guerre.

Un grand nombre de jonques contiennent chacune toute une famille chinoise ; c'est leur maison ; la femme rame aussi bien que le mari. Ces jonques sont en partie couvertes comme les gondoles de Venise, et marchent au moyen d'une longue rame qui pivote au bord du bateau et dont le bout est retenu à la barque par une corde ; cette rame est simplement balancée dans l'eau.

Sur les petites barques, l'homme se tient assis à l'arrière ; et, de la main il dirige le gouvernail, pendant qu'avec les pieds, il fait marcher deux rames de forme presque européenne.

Comme moyen de transport, à Shangaï, j'ai trouvé quelques voitures avec chevaux ; les djinrikisha importés du Japon et une brouette à grande roue,

portant aux deux côtés un siège qui sert aux personnes ou aux marchandises. Le conducteur, au lieu de tirer de l'avant, pousse par derrière en portant les deux brancards suspendus à son cou au moyen d'une lanière. Lorsque le vent est favorable, la brouette, dans la campagne, est garnie d'une voile.

On se sert aussi de palanquins qui sont nos anciennes chaises-à-porteurs ; mais ici, les brancards reposent sur les épaules des deux porteurs, au lieu d'être suspendus à une lanière.

Shangaï compte une population de plusieurs centaines de mille habitants. Les Chinois pullulent comme une fourmilière aussi bien dans la ville indigène que sur les Concessions.

Ces Concessions sont des terrains accordés aux nations française, anglaise et américaine. Les quelques centaines d'Européens qui y habitent ont construit de belles maisons en pierre, et les terrains restants sont loués aux Chinois qui y élèvent leurs maisons de bois. Les rues sont assez larges, et elles s'entrecoupent à angle droit. Un conseil municipal, composé d'Européens, nommés à l'élection, a soin de tout ce qui concerne les Concessions.

Les Anglais, toujours pratiques, ont tracé et planté sur le terrain, au bord de la rivière, un magnifique jardin public ; défense est faite aux Chinois d'y entrer.

Les Allemands qui augmentent ici en nombre, tous les jours, pendant que les Français diminuent, sont en instance pour obtenir aussi une Concession.

Lightning Source UK Ltd.
Milton Keynes UK
UKHW010756041022
409903UK00004B/442